理財
EASY學

時間複利+選股策略的雙重魔法

禮林（Lilin）—— 著

目錄 | CONTENTS

Chapter3 │ 利滾利的快樂，「時間複利」的魔法

Chapter 4 │ 揮別詭譎國際局勢，重拾理財的「價值」

作者序／建構屬於自己的「理財成就」

　　人的一生中如果可以獲得以下三個願望是非常幸福的：身體健康、經濟充裕、找到生活樂趣。其中的「經濟充裕」是指藉由金錢力量讓生活品質提升，能夠落實的方法不少，也有提倡安貧樂道，覺得提及「財富」不免俗氣。但碰上實際生活，仍希望豐衣足食，最好不為金錢所苦。假使事先沒準備好充足金錢，又想早些「財務自由」，即容易跟現實脫節，一不小心還落得負債，至於想在短時間快速增加財富，更有不小難度，就算希望維持基本開銷並且擁有足夠一輩子花用的金錢也是一大挑戰。

錢財的重要盡人皆知，常聽人說「金錢不是萬能，但沒錢萬萬不能」（Money is not everything；but without money you can＇t do anything），也有人講「你不理財，財不理你」又強調「理財宜趁早」，所以一個實用的「財務管理」應該是現在進行式，說不定現正輕鬆享有金錢帶來的喜悅，特別是孩提時期即應開始「理財」，父母運用自己經驗先行代勞，協助孩子構築「財富藍圖」，引導建立長遠經濟觀，將「完善理財」變成他成長的一部分。接著父母安心讓孩子自己完成下半場，待其財富深具規模即能代代相傳，集合群力使財富茁壯延綿，那麼家族的「經濟體」就從他這代日益蓬勃，可以預期在未來歲月將有更多人受益。

　　現今工商社會求職求才機會多，所以容易累積到金錢，有的選擇花用，也有耐心存下，但金錢存多總想找尋出口。人們一直尋思如何可以累積財富？千古不變即是「開源節流」，多有人感嘆「早知如此何必當初」，又說「千金難買早知道；萬金難買沒想到」，我們不必等事後才懊

悔，因為那於事無補。首先談及「節流」：就是錢財省用，當花則花精打細算。莫小看微不足道的一塊錢，掉在地上沒人撿，如果用對地方，積少成多，它可是擁有珍貴「時間價值」。

華倫‧巴菲特（Warren Buffett）曾表示眼前的一塊錢，四十年後它能有五千元的價值，因此理財就是善用手邊每一分錢，我們把錢財聚集，再去賺得時間產生的金錢，不是有格言說「時間就是金錢」？我們這裡通俗解釋即利用「複利」賺錢。至於「開源」：即是拓展眼前收入，方式百百種，例如：正職、兼差、定存、保險、股票、期貨、權證、選擇權、基金、債券、黃金、租金、跟會、房地產、外幣匯兌……。一般認為最好累積的是「資本所得」，如果這類所得可以維持長久，平日還不必花費太多時間心力，正常生活不會被打擾，也不用煩惱周轉盈虧，具備這些條件的理財就值得考慮。

最重要的是，必須定期提供利潤且及時改善生活，也

能用這些收入再做投資，進而達到「利上加利」。也許哪天急需用錢，本金不致縮水甚至更多，但理財有通則「高報酬高風險」，危險投資比不投資還可怕。因此投資先力求穩當，再循序漸進，最終圓滿結果：獲利長遠，受惠無窮。

然而「凡事起頭難」，必須有個好開始，先給自己足夠信心。「理財投資」經過深思熟慮接下就剩行動，不必貪心，不打沒把握的仗，不走冤枉路，畢竟人生短暫。理財最高境界：照顧好眼前生活，進一步讓自己理想付諸完成，行有餘力再去幫助那些需要我們的人，至終促成利己利他世界的實現。

本書內容是以淺白文字、簡單道裡來做陳述，分別闡明投資理念、理財方法和安全法則，希望藉此對於「充實投資知識」和「深化金融素養」方面有所幫助，讓每個人都能夠輕鬆實現財務自由，其中內文是著眼於適合各個年齡層跟各行各業以及退休人士。

「理財成就」是一種行動、觀念、紀律、好學、興趣所建構出的綜合體，因此讀者如果對於理財興趣濃厚又期盼精進，亦可涉獵各方投資訊息，這對個人理財絕對有益，投資多元能夠降低風險實是好事。

　　總之，做好理財投資即應常常多方探索、獨立判斷、大量閱讀、累積經驗。

禮林 Lilin

時間－投資最好的朋友

> "
> 「時間」真的可以幫助我們做好很多事情，只要方法用
> 對，剩下只有耐性。
> "

　　每年正值春天來臨，農民開始栽種夏秋蔬果，祈求風調雨順，其他就有請「時間」幫忙。儘快選定作物趕緊進行栽植，時間拖得越晚越是「勤苦難成」，這點農民最為了解，農務不失時，理財也如此。許多時候是人在跟時間賽跑，需先掌握關鍵時刻搶得機先，如此事情就已成功一半，另半最終也由「時間」搞定，我們只要耐心等候。那麼有何投資可以適合各年齡層、各行各業，既不擔心資金多寡（只要量力而為）又不費力傷神（可採「不作為投資」）？

　　其實，利用股票理財是不錯選擇。

　　投資前應先了解「股票」屬性，它的特性是：變動大

獲利高，風險也伴隨增加，做法千百種。但我們重點擺在以「長期投資」為主，讓理財變成高報酬低風險，能夠輕易賺得從時間積存下來的利潤（短則一季，長則三、四十年）。它是那種「養了金雞母，隨時有蛋吃，金雞母還不斷增值」的投資法。開始時我們加入一家公司經營成為股東，設定條件是：每年須分享公司配發的盈餘 [1]，而且公司年年賺錢，最重要不會倒。

先就股票理財「適合各年齡層」來講，若是孩童，監護人可定期購買穩定配息股票（引導式投資），等到孩子長大，將來深造創業都有一筆資金做後盾，也間接減輕父母負擔。再就年輕人而言，眼前可能收入不豐，存錢不易，先按月購買零股（或定期定額買股），日積月累持之以恆，說不定將來退休金就依靠它（累積性投資）。

而說到中年人買股：因已有積蓄則可多方配置，每年所獲股息對生活不無小補（經驗性投資）。年長者也可買股：就如同自己輕鬆當老闆，按月發給自己零用錢，不用

為軍公教勞農保何時破產煩惱（預防性投資），更不必擔心財務過度依賴晚輩造成彼此困擾，「經濟獨立，人格才會自由」。而且「時間」始終相隨陪伴我們一生，不少事情就放心託付，無需每日勞力耗神，當然我們買股之前須先「做好功課」，如果在設計理財上可以周延完備，將來的「收穫」則不容小覷，也能輕易達成投資「零風險」。

這裡極力推薦「存股領息」，是因為它可以讓人賺得「一生豐沛」，再享有「時間積存」的雙重財富。但是需要早早行動勝算高，最後我們所獲得的不只擁有資本上的複利成果，更在人生每個階段都享受到金錢所帶來的無形價值。

從前美國有一家名為 Voyage 的基金，於 1935 年買入 30 檔股票之後，46 年間沒有任何動作既不買也不賣，就如同樹懶一般，原本投資的 30 家公司最後只剩下 18 家，但投資報酬率高達 123 倍，也就是說：當時投資 100 萬元，最後連本帶利成為 1.24 億美金，這業績已贏過當時所有基

金同業達 95％以上，所以股票投資期間「沒有作為就是有作為」、「不作為也是最好的作為」。

另外依據著名的「七二法則」[2] 計算：若每年投資報酬率 10％，在 7.272 年資本成長可以翻倍。換句話說，如果以這種成長速度延續，第 14.5 年即變成 4 倍獲利，第 21.8 年是 8 倍成長；到了第 29 年即為 16 倍，而至第 36.4 年已達到 32 倍的利潤，要是投資人還可經營至第 43.7 年甚至更久，到那時則已為 64 倍⋯⋯，時間真的可以幫助我們做好很多事情，只要方法用對，剩下只有耐性。

《散戶投資正典》（Stocks for the Long Run）作者傑瑞米・西格爾（Jeremy Siegel）曾計算過，如果拿 1 美元放在各類金融資產由 1800 年到 2010 年所計算出的總報酬：股票可獲 1,080 萬美元；債券 2.76 萬美元；美國國庫券 5,365 美元；黃金 56.58 美元；消費者物價指數（觀察通貨膨脹的指標）17.85 美元[3]。

也就是說，股票的收益率為債券的 391 倍，是美國國

庫券的 2013 倍，是黃金的 19.08 萬倍，是消費者物價指數的 60.5 萬倍，因此，如果能讓時間幫助我們達成股票理財的夢想，這真可說是非常非常划算的一件事情。

---

1 每股盈餘（EPS）：稅後年淨利／已售出股數。
2 意指若每年投資報酬率有 10%，在 7.272 年資本獲利成長可以翻倍。
3 以上摘自《漫步華爾街》Burton G.Malkiel 著。

Chapter 1

實踐賺多賠少，
「心態」是關鍵

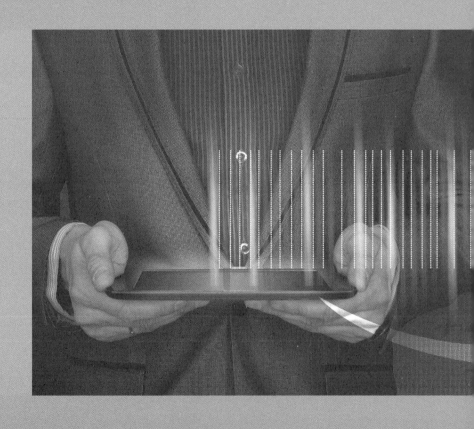

讓生活安枕無憂，不虞匱乏，想要達成財富自主的目標，須以
長期且正確的規劃為先。

圖片由 Gerd Altmann 在 Pixabay 上發佈

1-1
勞務所得與被動收入

> 在社會運作和社會互助上，「勞務所得」它所代表的價值是非常神聖而深具意義的，應當予以推崇跟鼓勵。

　　打從一個人呱呱落地即邁向花費金錢的道路，他所面臨各種生活需求和「生老病死」都無不跟金錢有關，而這些花費的金錢它們必須要有來源，大多數是以「個人收入」為主。每個人的收入來源可分兩種：一是勞務所得，另一為資本所得（也有再細分：混合所得）。當勞務所得佔總收入比例越高，基本上他是比較容易貧窮（除非具有高勞務所得或已有儲蓄、遺產之類，另或者兼差）。

　　相反的，當資本所得佔總收入比重越大，這顯示他是比較容易富有，畢竟勞力賺錢有限，賺不過資本所得，說白即以錢賺錢，於是形成貧者越貧，而富者越富的局面。

然而生活所需都會用到金錢，舉凡食衣住行育樂，林林總總均由薪水支出，如果賺錢不多，而花用沒有減少，再加上年年仍有通貨膨脹也以「複利」侵吞我們的資產，長此以往就容易陷入「貧窮窘境」。台灣近年常提年輕人月領 22k（現已逐年改善，2023 年最低基本工資為新台幣 26,400 元，但增速仍嫌緩慢），不少人還是月光族，假定這時他們每月能有另筆收入也為 22k，兩項加總就易讓日子過得寬裕，工作量不必增加，而生活品質卻得以提高，偶爾還可旅遊度假娛樂身心。不過要如何才有「額外收入」？其實這「額外收入」就是資本所得。年輕人每月收入之外，再加另有一筆資本所得就讓他的薪資結構變成 50％為勞務所得，亦即所謂「2 倍薪水」的概念，而你只需付出一份勞力。相反的，要是沒有這筆「資本所得」，那麼他的薪資結構每月 100％都為勞務所得。

再打比方，前台塑集團董事長王永慶先生他生前擔任董事長一職二十多年完全不支領薪水，而他的遺產總值 595 億元新台幣；美國某位總統只領總統年薪象徵性 1 美

元（美國法律規定禁止無償勞務，美國總統當時年薪 40 萬美金），而他的資產超過 21 億美金。有更多實例告訴我們：要多多累積資本所得。不過「勞務所得」它所代表的價值在社會運作和社會互助上是非常神聖而深有意義的，應當予以推崇跟鼓勵。那麼支領勞務所得的廣大民眾，也應該保有一個寬裕生活的機會和權利，而且可經由其他方式來增加他們的收入，但是由於多數民眾生活忙碌，時常忽略財務經營甚至不知如何進行「理財」，因此需趁閒暇及時找出自身理財「策略」，以彌補眼前財務的不足。

當然金錢非萬能，可是沒它寸步難行，其實**有錢和沒錢兩者根本差異在於：當需要用錢時，可有足夠金錢提供調度**。例如：創業基金、孩子教育經費、購買房地產、環遊世界等等。而且每人都有追求過上美好生活的夢想，大多數人也積極朝向擁有較多財富目標努力，然問題在於這輩子是否能夠實現？

常有人提及「被動收入」，它也被稱做「非薪水收

入」，就是不因我們沒有工作而中斷供應金錢。人們多半所賺薪資屬於「暫時性收入」，亦即有天不工作就完全沒有經濟來源，因此人們在金錢上不只要賺得久遠還應有「預備金」的想法，至於賺得多寡反倒其次。哪些屬於被動收入？例如：股票利息、出租房舍及土地、配息性基金、債券、創業性投資利潤等等。它們所具特色：能夠定期又連續獲得現金流[1]進帳，有人戲稱連睡覺時候都在幫你賺錢，所以**被動收入越高，代表越容易達成財務自由**。屆時我們可以利用充足時間和精神，去投入自己的興趣卻不用煩惱經濟問題，當然若已是社會各階層早年付出貢獻的退休人士，這時安心享有「財務自由」，自然分外感覺「人生的快樂與美好」。

---

1. 現金流：指目前可運用的現金數量，所有權不一定屬於自己，不過你可以隨意支配。像是：鑽石、黃金存放百年也不會帶來現金流（但能保值），而汽車只會折舊。

1-2
話說「24 美金事件」……

"
愛因斯坦曾說過，「複利」是世界第八大奇蹟，更是數學史上最重要的發現之一。
"

　　「24 美金事件」又稱之為「曼哈頓購買事件」這故事內容十分吸引人，因此常被拿來引用，後人亦借此當做理財投資的教材，這無非提醒世人若採行「複利」方式累積財富其效果異常驚人，本章開頭也來說說這個故事。西元 1626 年荷蘭西印度公司彼德‧米紐特以當時價格 60 荷蘭盾（相當於 24 元美金）的小物件從印第安人手中買下曼哈頓島的所有權。曼哈頓島面積 57 平方公里，曾經有美國前五百大公司中約 1 / 3 的總部設立於此，南邊是名聞遐邇的華爾街（Wall street，街長 540 公尺）有近 3 千家公司在這島駐點，整個半島有 5,500 多棟大樓，樓高超過 200 公

尺的有近 40 棟，如今已不只此數，提及這些僅是強調該地價值連城。

假使 400 年前那位賣掉半島的印地安人是個精明的投資人，把賣掉土地所得 24 元美金拿去做生意或將它存放「銀行」，只需要維持每年利率 6% 的利息，時至今日該筆錢財的價值早已超過現今 3,180 億美金（1.06 的 400 次方再乘以 24 元，若年利率 8% 則更高達 5.61 兆美元），那麼他的子孫們將可很豪氣的買回這大片繁榮的土地。無怪乎愛因斯坦曾說**「複利是世界第八大奇蹟」、「複利是數學史上重要的發現」**。

既然了解複利的威力，如果能找到一個恆常獲利法則，不管運用的模式為何？或者採取頻繁積極式經營也可以是低度單純性交易，然而前提必須早做準備，接下就完全交給「時間」封存醞釀，讓既有資本順利繁衍出合理利潤。而我們只需以逸待勞，甚至靜待在未來「坐享其成」，因為即使盡用辦法企圖想再多賺一點金錢，也未必如願，那樣反而阻礙了個人在生命歷程中對生活品味的追求。

循環生財的模式一直都是存在的，而且有跡可循。古人云「有土斯有財」，認為利用不動產或相關商品，就算獲利只是基本的租金也不賴，如果收入增加就有更充足的資金可供利用。各行各業把賺來的金錢試圖找尋其他生財出路，希望自己手中資產可以變得更為豐碩，千百年來人民無時不在進行各式各樣的商業行為，期望將資本導入經濟市場去做投資以便保值又增利，但當時他們「知其然而不知其所以然」，只覺得讓錢財變得更多，這樣內心會感覺安心踏實，如果遇上天下太平，就有機會成為殷商巨賈，可見「大環境」是影響財富累積極為重要的因素。

　　歐洲自工業革命以來，致富機會迅速增多，百姓投資風氣興盛並且勇於付諸行動，這可歸因於環境、教育、觀念使然。貨幣流動效率跟著提高，又在經貿順暢發達影響下，帶動更多錢幣進行「乘數效應」，各國政府也紛紛加入而推波助瀾，這猶如不斷累積動能快速運轉的引擎，隨即在殖民地的生產力也一併進入國家經濟體系，人民視野早已不侷限投資國內企業，甚至連同海外市場也會積極參

與布局，例如民間投資歐洲各國的東印度公司，當時歐洲共有七國設立。

而那些經濟發展趨於保守卻沒有跟上的世界其他區域，甚至被視為「落後國家」（比如當時亞、非大陸），很快就變成他們長期強迫叩關不斷覬覦的對象。因此一個國家或社會無論採行何種政治體制，致使國家經濟能夠走上強盛的關鍵，實際在於人民觀念的提升以及他們對理財作為的落實，那麼從個人理財觀點來看又何嘗不然？不是都該「與時俱進」？

有鑑於此，我們可以更積極有計畫的從事個人「智慧」性質的理財：**如果現在身邊有筆金錢，找出恆常生息法則並且讓資本穩定成長，再以複利形式繁衍孳息，時間越是長久，茁壯力道越大。**最後不僅讓個人帶來可觀財富，連帶也能厚實現今「地球村」的各個角落。

1-3
現在的 1 塊錢，永遠最昂貴

> "
> 解決財務之道，唯在長期正確理財。
> 我們必須想辦法將現有的資金保值，讓它們「凍齡」，可
> 以安心地把財富寄望於將來，利上加利⋯⋯。
> "

　　在世界各地無論使用何種貨幣？它都將當時該地的物價忠實呈現，一個國家處於艱困時期，人民不易擁有長期穩定收入，即使是有也不廣泛，購買力疲弱，消費方式保守，所以貨物流暢度不足，百姓生活異常艱苦。

　　就以台灣在 1950 年代來說，時值戰後嬰兒潮，每家人口眾多食指浩繁，民間經濟拮据時常捉襟見肘，有時只能就地取材利用貧乏的社會資源，進行像種菜、養雞、餵豬、製作手工藝之類的經濟活動，也有是依靠家人親友扶持才得以度過難關，直到台灣經濟起飛生活才逐漸獲得改善，

日子過得稍有起色。

到了 1960 年代，一碗陽春麵新台幣兩元，一個波蘿麵包 1 元，上等兵薪水 85 元；少尉本俸 260 元；教員、公務員月薪不到 700 元。而在 1970 年代一位小學教師月薪 3,000 元（洗車打蠟工月薪 5,000 元），1970 年基本工資每月 600 元。接著在 1981 年，軍公教人員已可領到 7,000、8,000 元，台灣人均 GDP 從 1976 年的 1,000 美金，在短短十六年間增至 1 萬美金。這也告訴我們一個事實：**過去的 1 塊錢永遠是比較昂貴，而現在的 1 塊錢，也確定會比未來的 1 塊錢更值錢。**

就以眼前每個人的經濟立足點來看：現在的一塊錢永遠是最昂貴的，因為過去的歷史沒有機會參與，而未來的金錢經過通膨及貶值業已被稀釋，就容易變得不值錢，這也是自有市場經濟所必然發生的結果。因此只要餘命延長，通膨及錢幣貶值壓力即如影隨形，無論它是自然或人為因素造成，從古至今中外皆然。

貨幣變得不值錢人人印象深刻，在小時候那年代的金錢極具購買力，等到自己年老錢幣價值早已微薄，鈔票發行面額越來越大的場景不斷重現歷歷在目，這種現象猶如看不見的推手逼著物價向前衝，因此必須想辦法使現在的金錢保值，將它「凍齡」，讓我們可以安心把財富寄望於將來。

　　人們常講「水漲船高」，能夠保值的物件在早年戰亂使用黃金，後來社會安定信任法幣，但不自覺手裡辛苦賺來的錢財，它的「貴重價值」正偷偷溜逝，直到有天看了三十年前薪水資料才驚覺相差甚遠，那麼有法子讓現在的錢幣既可保值又能增值？

　　其實放眼看去現代保值商品琳琅滿目、複雜多元，最典型又周知的像有不動產和股票之類，在物價上漲時，這些商品價格跟著提高，不過它們各具優缺點。若說擁有不動產有何優點？即在於能自住省去房錢，有餘屋也可出租，急需錢用再行變賣；但凡事總有一體兩面，其缺點就是價

格居高，取得不易，即使具備，日後想脫手也不容易，若是擁有多戶，在管理上亦屬不便。

而持有股票有其優點，即為機動性強，能在三天求現，每年收得股息和價差，進場門檻低，隨時可入市；而缺點在於波動性大，容易影響心情，須聰明選股並且方向做對，更重要是嚴守紀律，否則血本無歸。因此須權衡個人財力及需求，自己能對這些商品具有一定熟稔和了解，當然也可以彈性運用，兩者兼備。

如果及早替個人理財做好妥善而適當的安排，則無論身在哪個時代或處於哪個國家，都會讓自己生活過得安枕無憂，不虞匱乏，總體來看：**解決財務之道，唯在長期正確理財。**

1-4
投資視野－決定你的理財之路能走多遠？

> 人生不能全由「期待」去填滿，不如憑藉己力建立個人的財富事業，這不僅讓自己留下價值與肯定，還可以隨時享有富足，將「累積財富」在生涯中變成有趣的調味劑。

有一回，我跟幾個朋友閒聊購買股票的心得。一位朋友表示「自己投資股市二十多年，竟然年投報率才 2%。」我聽完後則回他一句：「這算不錯！有多少人在股市賠錢，而且還賠很多。」

其實股市投資不必這麼忙，容我告訴大家一個祕密：「**越是不忙，越會賺錢。**」可以檢視一下遇過幾家股票現已變壁紙的？或者公司現仍一蹶不振？

而那些變壁紙的股票，之前有多久沒發股息？而在它沒給股利時，是不是應該趕快跑？除非預知它將來再有轉

機……。

嚴格說來，投資股票唯一要求是：**每年一定要配發股息，多少沒關係，因為這可證明公司願意對股東負責**，股東權益[1]可獲得充分保障，我們也正好以此檢視公司體質和誠信。就算他們只拿部分盈餘來配息也不為過，如果公司前景好，老闆應該對自己公司有信心，缺錢時辦理現金增資不怕沒人買，不影響公司擴充產能或做更大投資。畢竟當一家公司沒有配息或者股利越發越少時就應小心，它們內部可能出現問題，只是不足為外人道也。

此外，也有人認為公司把每年所有盈餘拿去做更大事業，將來再用豐厚價差來回報股民，但這誰敢保證？這些都可能只是一場騙局，請問如果每月可以領到 2 萬元的額外收入，你覺得這樣好呢？還是十年後一次性獲利 100 萬，哪種方式對生活有幫助？遑論現在的金錢價值肯定比未來要更大……。

身邊也有不少友人認為，撐上十年才能獲利了結，這

風險實在太大，畢竟若真要撐個十年，而這期間並沒有良好的生活品質，最後要這 100 萬又有何用處？

所以請千萬記得！「**沒給利息的股票別碰，這裡頭定藏有玄機。**」每人理財投資動機不同，但最終都希望獲利，而且還要長期獲益，這是每位投資人最渴求的，也必須在開始投資就「仔細考量」，因為見微知著。理財之道首重認知：試想一個人能擁有財富，其原委跟個人企圖心、見識興趣、採用方法、運勢機會、靜心守成、甚至所處環境均有關聯。其次癥結在於行動，沒有行動只淪空談，自然無法獲取財富果實。第三是獲得財富須善加利用，如果一輩子有錢卻沒好好使用，有錢等於沒錢，萬分可惜。比方許多人胸懷大志，但礙於情勢或迫於經濟有志難伸，屈從現實努力賺錢，假使有幸累積充分財富，又在中途覓得喜歡行業或提前退休去完成未竟之願，那也是人生一大樂事。

既然期待人生每階段都有「理財投資視野」，就可依循各階段特性來做安排，而最需完善理財且該充足享受財

富的應算退休時期（這跟普世理財看法很不一樣），由於餘命延長不確定性大，加以收入減少甚至沒有，病痛增加長照花費未定，因此在消費與收入極不平衡下壓力自然大增，如果能在兒童、青少年、中壯年時期即已準備，退休生活自可高枕無憂。

況且「早做理財」若能落實，那麼在人生以後階段不只對當時的自己有利，甚至穩固形成「循環複合效益」讓一輩子輕鬆受用，這無疑是累積推疊式的影響，例如：兒童時期可以自己獨力獲得零用錢，也藉之激勵探索興趣、養成節儉習慣；青少年時期又加上已「提早了解理財實務經驗」、「建立性向發展志趣」；青年階段可用以思考自己未來出路及職業取向，而一個人具備金融知識多寡是與理財能力優劣成正比；中壯年則進入守成期，避免過多誤判造成後悔遺憾，所以更該儘早了解自己理財進度，洞燭投資方向，關注世界未來趨勢。

另外值得省思的是：**我們所創造出來的「自有資產」，**

其珍貴之處在於參與過程及善用，並非只求依賴或希冀龐大意外財產以度餘生，就如《二十一世紀資本論》（Thomas Piketty 著）一書所說，一個人的財富當中，「繼承」有它的角色在，這也是事實。不過繼承而來的資產是不可預期的，就算得到但在那時或許效用不大，況且人生不能全由「期待」去填滿，不如憑藉己力建立個人的財富事業，這不僅讓自己留下價值與肯定，還可以隨時享有富足，將「累積財富」在生涯中變成有趣的調味劑。

再者，《二十一世紀資本論》作者托瑪・皮凱提也在書中提及，「2013 年主權財富基金的總投資金額達到 5.3 兆美元，而同年在《富士比》排行榜富豪資產總額為 5.4 兆美元（二者加總佔世界總資產 3%）還有 97% 由其他世人所共享」，作者預測等到二十一世紀下半葉，二者佔比可達全球資本總額 10% 甚至 20%，這對「貧富不均」更加惡化極具關鍵影響力。

如果上述全球性如此龐大資本，始終留存相當大的比

例投資在世界各地的有價證券，那麼我們就「個人理財投資視野」的觀點來透析，不僅只現在甚至是未來，利用股票投資理財，絕對具有它不可輕忽的重要性和地位。

---

1. 股東權益：「股本」加「保留盈餘」加「資本公積」。

1-5
股市投資的心理與現實

> 投資股票是一種心理投資，至於籌碼面、基本面、消息面
> 都算其次，當下的「心理意向」，往往就已決定投資人今
> 後在股市投資上的成與敗。

　　股票理財最怕碰上劇烈變動或股災，難免影響投資人
心理，這也一定會發生，一生遭遇股災級震盪不下 20 次，
但我們並不是炒短，每年都有股利挹注，即使不幸哪天股
價腰斬，生活經濟依舊無虞完全如常，而且手邊仍有餘錢
因應甚至再做投資，反讓財富在安全範圍快速增長。如果
每年領取股息暫無他用，仍需考慮每年固定時間或在有利
時段買股，這是必須長期不斷進行，也唯有如此才能使財
富累積猶如滾雪球。

　　資金存放股市最基本的保障業已具備，接下來就等候
賺得「時機財」，無需每天操煩，日常生活可以更悠閒，

這樣理財才是健康的。買股既然選定質優公司，選購家數建議稍多，如此牛市時期績優股的價格相對墊高，可順勢調節；若處熊市各股價常跌跌不休，但我們損失相對較少，容易耐心等候多頭來臨，不過仍應預做最壞打算，因為任何狀況都有可能發生。那麼股價大跌虧損嚴重怎辦？另外也要設想獲利後該如何安排？

投資人傾向低估股市風險而高估理財成功的可能，又常將注意力放在大盤，每天看見盤勢大起大落內心忐忑，股票投資實不必在乎眼前漲跌，十年、二十年後才賣股，現在何需煩惱？股票價值側重於時間。也許不少人因早年慘痛教訓仍餘悸猶存，那時大量資金投入，連連虧損身心受創，甚至長期焦慮弄壞身體，最後認賠殺出，眼看三、四十年積蓄一夕化為烏有，於是痛恨股票投資覺得艱困危險，一朝蛇咬十年怕繩，有沒想過那是作法問題？況且每年若收得股息，正可減少將來結算時可能的損失，而配息也表示公司具備實力，老闆樂於分享成果，願意負起社會責任，實讓人信賴敬佩，看看那些長期配息的績優公司至

今不是仍活蹦亂跳？

　　買股另一現象：**股市裡別太精明，過於精明賺不到大錢，進出頻繁容易患得患失，變賭成癮，只需快活坐收每年厚息。**購買多檔不同類型股票其實也牽連心理層面，遇上股市強烈動盪可以克服莫名恐懼，股票常有類股輪動，也會碰見外力介入或人為操控（股市即人氣），情勢比想像詭譎，任誰內心難免掀起波瀾。只要做好類股佈局，任何時間都能看到自己持股互有漲跌，它們不會全跌，除非遇上股災，這時內心自然平和泰然，長期持股的意願大增，在沒壓力下對於投資深有信心，也樂於持續加碼，更何況股息收入源源不絕，只見自己財富不斷增加又何懼之有？久之投資理財即成良性循環。

　　每當報章雜誌或手機訊息揭露時下熱門股或推薦股，多檔正好出現在自己佈局名單，我們只能說「君子所見略同」。還有個心理認知：投資人如果有興趣可以對外資、大戶[1]、中實戶[2]、散戶[3]心理稍做觀察，將會發現他們一

貫作法頗重「人為」因素，這可視同心理戰、智慧戰，也就是說：在這樣市場光憑直覺及知識是不夠的，需能體悟他們運作技巧及心理。

總括來說，投資股票其實就是一種心理投資，至於籌碼面、基本面、消息面都算其次，所以怎樣的「心理意向」就已經決定了今後在股市投資的成敗。

---

1. 大戶：是指投入市場資金雄厚，對股票漲跌有一定影響力者，又可分「千張大戶」、「三大法人」。
2. 中實戶：是指投資的經驗及金額介於散戶和大戶之間，進出股市傾向於有計畫性與有策略性的人。
3. 散戶：此為「一般投資人」的俗稱，特指持股小於 400 張的單一投資人，像台灣散戶佔比約為 70% 左右。

1-6
投資理財「心」觀念

> ❝
> 投資股票必須先推估出個人理財的終極結果，而這結局是可預測的。畢竟理財首重自己從始至終能夠受益，讓個人從現在到未來均可富足……。
> ❞

　　在股市裡怎麼做都有成功案例，問題是佔比多少？機率為何？介入的時間點？需花多少時間心力？以個人生涯來看是否符合經濟效益？如果使用某種理財方法可以讓成功者比例提高甚至成為多數，即代表將有無數人受益，這才是投資正途，經濟繁榮之道，也是社會之福，正足以應證「正和遊戲」的實現。

　　畢竟任何投資商品都存有風險，只要被定義為「投資」即步入風險中，所以我們採用的理財方式只要在技術上可將風險降至最低，且是自己所能承受，又可保障一生，就值得嘗試。

不能小看「個人理財」成敗，它之所以成功，實與個人、家庭、社會、國家乃至國際局勢均有緊密關聯，因此如果具備廣泛優良投資環境及秩序，而且人民也能具備認知及默契，如此才易達成「均富共享」，而上述所提及的「個人」到「國際」每個環節都有一定牽連跟責任。

　　再者「如果我現在貧窮，這問題多半出在我自己身上……」有此思維者，再加以能用行動做改善才易脫貧，若一味怪罪時運不濟，抱怨沒人幫助，那將無緣扭轉眼前困局，想要擺脫貧窮更遙不可及，因為「改變自己容易，佃試圖改變別人甚至環境很難」。

　　許多人都有「賺到錢，那以後呢？」的疑問，一般人賺到金錢常忽略這個問題：富裕必須保持久遠。殊不知此時自己正走在抉擇富有和貧窮的路口，當多個十字路口串連起來即決定一個人財富的命運。我們期望可以做這兩件事：

1.建立適合自己的獲利系統。

2. 找尋高明累積財富的方法。

容筆者介紹一下「理財投資預期法則」：理財首重自己從始至終能夠受益，讓個人從現在到未來均可富足，例如使用股票投資須先推估個人理財終極結果，而這結局是可預測的。若遇見投資前景不明，在執行目標時發現對自己不利，應當警覺長期陷入泥淖，須反思及時回頭，這能減少損失保存實力，甚至主動改變策略修正錯誤，切莫長期處在艱困歲月慣性煎熬，以致過晚認清事實，**投資貴在「獲利品質」**。

公司和股東在股票市場是存在「共演化」關係。公司具有誠信，經營優異卓越，又能善待股東，股東自然信賴肯定公司，彼此得以相輔相成，股價欲小不易，而且還可維持長期暢旺。反之，公司若缺乏信用，沒有遠景經營不善，時常虧待欺騙股東，股東自然輕易離去，這一切徵兆均反映在股價上。

股票理財是「個人實務經驗」佔比非常吃重的投資，

而仰賴理論經營還排次要，完全依照理論操作不一定獲利，因為牽涉層面太廣，不可預期狀況太多，非單一因素可以左右。例如需要顧及層面有：個人投資靈活度及專業知識、政府制度、股市生態、局勢變化、個股特性、個人操作手法。所以成敗掌控不易，甚至需在錯誤中學習。換句話說：股市的每種狀況都會遇上，因此必須側重經驗，入市太晚容易虧錢且辛苦，這也告訴我們任何理財都應趁早，就是這個道理。

我們利用股票投資，經營初期尤應以保守為宜（股票功能原本就不適合「急功快利」），切勿衝得過快過猛，短時間賺錢太多太快並非好事，反而更該有所警惕，因為無法保證每次都能如願。若被「賺錢輕鬆」的印象制約，容易樂極生悲，投資成功著重永續經營。

購買股票「選擇」的學問大，外界常對產業遠景頻做分析，隨處看到各種推荐股或熱門股，績效有時真如所見。問題在於：你去年買的推薦股，來到今年已不流行，然後

換買今年熱門股，然而他們又正推出明年精選股，如此場景年年上演。這讓投資人每年勤換新股，或一見其他火紅股就立馬追捧，是否想過：在鼓吹買股消息未發佈前，多少人已提早上車？較慢獲得訊息者極易變成「轎夫」，除非真正買到好股並且長期持有。

買到股票如果可以持有十年、二十年就算賣時股價不漲不跌，但每年均有配息，其實也算獲利。因此我們打算在十年、二十年後才賣股，那麼眼前買股不需計較價格是貴個 10 元或便宜 10 元，那已無多大意義。

一般我們利用股票理財，可以依序進行如下三種形式：分別是標準式、突破式、投機式。

1. 標準式： 以賺取股息為主，穩中求勝，買後即不予理會。

2. 突破式： 股息、價差均可兼顧，互相支援，利於增加個人資本。

3. 投機式： 希望能在短時間內致富，然而風險高，必

須祈求財神爺眷顧。

以上三者能依個人需求，按比例分配，或只選擇單項。不過有句俗話「若沒做好一，就不要去做二；若沒做到二，就不要想做三」講得頗具哲理。

面對永遠尾隨的通膨，我們可以布建長期穩當策略，尤其正好遇上錢財豐沛，**不斷持續強化財富累積是一生的功課**。舉例來說：以現今的 3,000 萬元提供養老，看似覺得夠用，不過需設想若使用個三、四十年則明顯不足，要是可在事先將 3,000 萬元拿來當做資本，又能夠一直維持三、四十年每年利息 6 ～ 10％，屆時將有上億資產，因此找得一生裡正確的投資已是當務之急。

1-7
你可以是老闆的「老闆」

"
勞工不會永遠是勞工，老闆不會永遠是老闆，但是「老闆
的老闆」，則排除在此之外……。
"

　　使用股票投資一家公司，等於認同這家公司的運作、
生態以及經營理念，今後它表現好壞與否即跟我們有關，
在挑選上自需謹慎，一旦買入就相信它具潛力，因為這公
司一定有你欣賞的地方，不宜輕言放棄，股價稍微波動實
屬常態，不必過於擔心。除了用時間來證明自己明智抉擇，
也宜多方蒐集類股資訊，知己知彼。例如分類紀錄公司經
營現況，報章雜誌如有相關文章或剪貼或登記，也可善用
電腦彙整資訊、手機拍照資料歸類存檔，時間一久即看出
各公司盛衰成因，儼然建立自有的「理財投資智庫」。

　　理財成功之道在於勤做功課、掌握先機，這樣容易及

早「發現」公司狀況，也比別人事前看到趨勢。既然當了這家公司股東就是「老闆的老闆」，如此的老闆每天不用起早趕晚，不必加班爆肝，公司每年賺錢定期分紅，時間一到股息自動匯入戶頭。如果公司長期盈利不佳，就「留冊察看」多加注意，再沒起色就考慮「開除」，而且列為「拒絕往來戶」（不過它有可能起死回生，變成轉機股，容後再敘），公司一旦有不良紀錄，代表該集團事業可能已走下坡或進入景氣循環谷底，或是內部控管有問題，或者隱藏不為人知的秘密，將來再出事的機率高，不能感情用事，這也是不可依賴公司現有名氣買股的原因，一切全看本身實力。

我們進一步觀察這家公司老闆及董事操守、員工表現，經營方式，有沒虧待員工？（例如像薪水高否？若用這點觀察公司還滿準的）是否經常出包？將來有無美好願景？經過你這「老闆的老闆」考核覺得不甚理想，趁早閃人，因為沒「前途」，將來更不易有「錢途」，把辛苦錢放進去既不安心也挺危險。可試著這樣看待你買股：自己

投資的股票組合（例如有 20、30 檔），就等於經營一家投資公司，即是一家名符其實自營式 ETF。管理費、經理費、人事費都自己賺，你就是這家公司老闆，等於已擁有一家自己的公司，你正建構個人的事業版圖，具有篩選合作夥伴主控權，那是一個獨立的事業集團與王國。

當然這時買股就需做出「公司」業績，眼下可非替別人工作，盈虧都得自負，自己雖然辛苦些，但是凡學習過必留經驗，日後容易苦盡甘來。也正好趁此學到經營管理，創造出自有的財富生存之道（買股方法既有千萬種，而自己這一套最寶貴最熟悉），還可藉機了解工商經濟動態，這些心得亦樂跟他人分享，精益求精，理財技巧可以不斷進化，我們可以期許自己成為全方位的資本家（唯有立志做資本家，投資心態才會改變，也能陽光般看待理財）。

其實就算我們目前正在基層上班或已為退休人員或是家管，也可能是市場商人，也或許是一名中小企業主……無論從事哪個行業，都不能改變你是一家公司老闆的事實，而且是真正「老闆的老闆」（還可以這樣解釋「是商人！

是商人的商人」）。

　　那既然自己是在開立公司做起生意，自然必須將本求利，開源節流，也必須嚴格考核自己績效，更重要是如何可以突破？若獲利不佳該怎麼改善困境？反思解決目前問題癥結，並非不理不睬，任由虧損，覺得反正自己不會開除自己，許多人買股就是沒有這點認知，**對待自己過於寬容馬虎，專業知識養成不足，以致無法保本得利，最後草草收場，自認倒楣，甚至還會武斷地認定，股市就是「吃人」的地方。**

　　做為一個全方位資本家須認清的是：資本家出錢投資就必須完全承擔風險，相對的，資本家所獲得的報酬實已包含他對風險承擔的代價，甚至真正找到邁入擁有財富的秘境。因此由上述觀點我們做出總結，如果以每人最終所獲得的財富，以及他最後所具有的地位來推論：勞工不會永遠是勞工，老闆不會永遠是老闆，但是「老闆的老闆」，則排除在此之外……。

Chapter 2

放諸四海皆準，
惟「勤」不破的選股策略

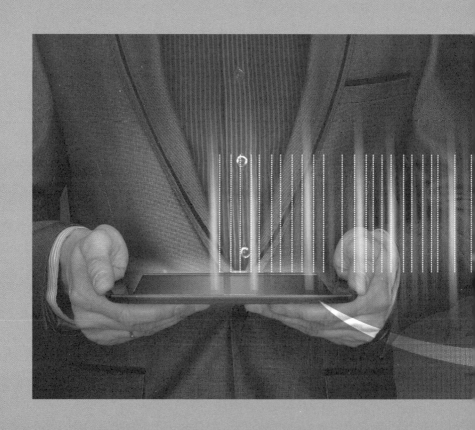

股價是一時的，「穩健持續獲利」才是終極目標，畢竟若無萬
全把握，誰敢做「高風險投資」？

圖片由 Gerd Altmann 在 Pixabay 上發佈

2-1
簡單易上手的選股方法

> 話說買股票必先力求穩當再談發展，但真的又有幾人會這麼做？多數人一心只想在股市快速賺到大錢，而且最好是暴利，總覺得這才是通往財富之路，然而因此成功者，實為鳳毛麟角啊……！

「公司每年賺錢」是買股首選，為何還需在乎配息？

這其實是給自己投資的股票「買保險」，而且股息不能忽高忽低，如果符合這簡單條件的公司它「倒閉」機率小。但就「不倒」這點遠看是悲觀的，在台灣的公司可以存活 60 年以上者的只佔 3%，在美國的公司能經營上百年也僅為 1%。

茫茫股海中，聰明選股談何容易？不過仍然有跡可循……。

我們先談買股「基本階段」，可先找尋不易出現經營危機又不受景氣循環過度干擾個股，通常是電信、糧食、油電、環保等民生相關產業低波動性的防禦型股票，再加入金融股和可取代性低的行業股（一般這類股價較高）。如果能在諸多景氣循環淬鍊出來，還照常保持穩健獲利、高配息率、高現金殖利率，每年又都順利填權息者為佳，有這般優異表現最好維持超過十年，買股必先力求穩當再談發展，多少人想在股市快速賺到大錢，而且最好是暴利，總覺得這才是通往財富之路，然而可以成功者有多少？

　　從各國股市投資規則中觀察：**如果常做短線，「零和遊戲」[1]容易變得殘酷，於是有人贏錢，也一定有人賠錢，畢竟投資不能等同賭博。要是理財變成僅只少數人獲利，豈不跟中樂透一樣？**實非長久累積財富之計。回說主題，台股上市櫃公司共近 1,800 家，各有特性，種類繁複，建議可在各類股小幅佈局，由於它們產業本身具有各行業的特色再加上有景氣循環影響，平均每二至十年間榮枯循環更替一次。我們開始買股可找尋各類股龍頭，先行試買一、

兩張當做指標，若資金充足則提高購買張數，不買不去關心。

有些人覺得購買高價股比較安心，一分錢一分貨，像是台積電之類，但是當要出手時基期已高，無法隨時買進，有些小資族也會猶豫，所以我們可試著這樣做：第一次進場買股，就放心大膽在任何時候購買，不管當時台股大盤是多少？其實高檔買股不一定吃虧，敢漲定有利基，只要不多買，視自己現有能力而定（買股應有做長期投資的打算）。**只要自己持續擁有固定收入**，或眼前正留一筆現金，不管你是什麼年齡何種職業何樣動機？投資完全不受影響，就算一直購買零股也行。

然而到了第二次買股就須斤斤計較，儘可買低，應低於第一次買股價格，不高買，除非它太會賺錢遠景看好，即可不斷追買，但仍應酌情減碼以防回檔。這樣不只降低成本，也避免資金長期套牢，因此需用閒置金錢去做理財。接下動作就是「等！」等它大跌，只要這家公司本質好、

獲利佳，回檔之後可再買進一兩張用來攤平成本，等到股價夠低再去承接第三批……依此類推。如果股票並非受大盤拖累才重挫，而是公司自身有狀況，這時股價還會繼續探底，我們稍安勿躁也許可以買得物超所值。

一家信用良好的公司其股價怎麼下去就怎麼上來，很多人對它有信心，不必過於擔憂。但唯一要求：公司每年一定要配發股利，因為有無數股東需要依靠股息養家甚至另有急用，具良心的公司應負起照顧大眾的責任，開家公司不能只有想到自己，這樣格局太小，企業再大也無益。

相反的，有些公司每年獲利豐厚但就是不配息，而且股價還奇高，這類股票多為賺取差價，因有本夢比，買的人不少，是否可讓多數人獲利就只能意會。來說說如何選擇值得信賴的公司？先從雅虎網站（其他網站也可）搜尋「股市」，打入公司代碼，進入「基本」詳看個別資料。有的券商會提供客戶查股 APP，我們先清楚該家公司是做什麼的？營收比重、上市（櫃）時間、最新四季每股盈餘、

最近四年每股盈餘、每股淨值、股本多少？最重要是看「股利政策」。

　　假如決定長期投資，上述資料須長期保留，避免電腦資料更新，以前的紀錄查詢困難，看看近十年配息狀況，最好可以知道 2008 年金融海嘯、2020 年新冠肺炎、2022 年俄烏戰爭，全球發生股災時的表現。個股以前表現不代表以後會更好，只能預判將來表現優異機率高。功課做完就逐步買進 10、20 檔股票，都只各買一兩張，一邊買一邊審視公司業績，因為個股表現永遠是變動的。為方便自己掌握這些個股動態，可將它們放入雅虎「股市」的「投資組合」，也能自行設計「多功能投資組合」，以利平時監看。

　　為何需要購買這麼多檔股票？不會照顧不來？原因在於：

　　1. 可分散風險，防範公司出事，降低資本損失。甚至連 MSCI[2] 的投資也是布局全球以權重分配，摩根台指成分

股標的也列出多檔，其目的無非風險控管。

2. 能夠了解若有閒錢，該如何加碼？

3. 為長期投資指引鋪路。

4. 讓每年股息收入更**趨穩定**，資金越少的人這點相形重要，越沒虧損的本錢。

5. 可以掌握目前各類股動向。

6. 一旦有哪家股票誤判買錯，損失極小，不致恐慌（只**投資少數公司，若損失過重，停損會下不了手**）。試想：即使是外資他們組織龐大、人才眾多、財力雄厚、資源豐富、消息靈通，也有看錯的時候，不得不認賠殺出，更何況散戶？

7. 所持股票家數太少，若成天只盯少數公司股價，容易造成壓力影響心情。

8. 擁有多家股票猶如已安置「哨兵」佈線，如此一來，投資人容易隨時了解各家公司細微變化，防止將來若大舉重壓，資金容易發生危險。

9. 購買股票多檔，可以慢慢了解這些公司一切，因為

短時間是看不出一家公司能耐的。

10.許多人不願買股是由於害怕負面消息接踵不斷，心急慌張抱不住，但持有多檔各類股票，應該會有一半是好消息，心情自然大好。

11.隨處可注意到「機會來了」，而「機會」是永遠不等人的。當然時下報章雜誌或網路也登載許多推薦個股，以供研究參考，但值得注意：所見某家股票或許目前正是風光時期，之後發展情勢難料，不少投資人買股沒一年就後悔了。所以謀定後動，錯誤自然減少，買股時須先自問「是什麼原因要買這家股票？」不要道聽塗說，只經別人介紹買股風險很高，主因你並非真正了解它，我們即便再小心也可能踢到鐵板，踩上地雷（這也是買股頭疼麻煩地方）。

有些公司營收不斷成長、本益比低、業績亮眼、每年也慷慨配息，但公司內部早已出事，例如像是：呈現隱藏性虧損、會計上做假帳、團隊沒妥善經營、公司掏空外表如常，說不定公司負責人或董監事早有意圖，就連不少

外資也受騙上當。總之我們確實做足功課，察細觀微，多方求證，警覺心自然提高（有人笑稱：連每年召開股東大會時程先後、公司何時配發股息、股利何時入袋，都有學問），而「簡單聰明選股累積財富」的大方向不變。

就以「每年領取穩定股利」這部分來講，我們可留意以下概念：在幾何學中，三個點（不在同一線上）分別劃出通過的直線，串聯後可劃成三角形；四個點構成四邊形，而「點」越多能夠畫出圓形的機率就越大。這是何意？亦即擁有多檔會賺錢且每年配有豐厚利息的股票，我們每年收得股利總額相對穩定並且符合預期，因為它們的股息可相互截長補短，如果擁有股票家數太少，又想把股息當成每年固定收入，就容易碰上像打擺子那樣忽冷忽熱（每年股息忽多忽少）。

更重要的是，雞蛋不能放在同一藍子裡（這是理財基本常識），風險分散容易保護資本（沒有任何一家公司敢保證他們永遠不會出問題），**理財須做到：能在任何時候**

可以「全身而退」，小心駛得萬年船。但買股家數太多倒是有小小不便：每年當各家公司證券代理商寄發股東開會通知書容易塞滿信箱，鄰居看到以為隔壁住著某位股市大戶（也可申請電子 e 化通知書）。

另外需清楚台股買賣交易程序：

第一天，下單買賣股票。

第二天，股票由集保存進或提取。

第三天，股款從券商合作銀行匯出或匯入，千萬不要違約交割以免觸法。

---

1. 「零和遊戲」則是指遊戲或投資者雙方對賭，最後只有一方是贏家，另一方就必成輸家。所以投資如果變成投機或賭博，那麼負和遊戲及零和遊戲就隨時會發生。
2. MSCI 指數：（Morgan Stanley Capital International Index）由摩根史丹利資本國際公司（又稱明晟，即大摩）所編纂涵蓋全世界的股票指數，其為大摩公司全球化布局投資的依據，也是世界各地專業投資機構規畫投資時重要的參考方向。

2-2
初階投資（上）──收取股利

> 如果方向正確而且又是自己容易掌控的，那麼累積財富的
> 模式其實可說是大同小異，萬變不離其宗，這也是投資股
> 市奧妙有趣的地方。

　　初階投資我們可以設定獲利目標：每年賺得股息 100
萬元，先有計畫，目標才易達成，目地確立也知節省，能
讓金錢集中火力。

　　台股從 2000 年到 2022 年現金殖利率落在 3.13 ～ 5.23%
之間，近十年平均現金殖利率爲 4.23%，總體看：這在全
世界堪稱第一，而 2022 年上市櫃公司共計發放現金股利 2.7
兆新台幣，創歷史新高。股息發放率也從 2000 年的 15%
成長到 2018 年的 61%，外資每年由台灣領走股利總值超
過 5,000 億新台幣，2020 年甚至接近 6,000 億元，看得出
投資台股最基本模式仍以收取股息爲主，就連掌管數千億

美金的外資，他們投資台股的策略也是如此。

安聯集團於 2022 年全球財富報告指出：台灣的「人均淨資產」在扣除負債後達到 138,220 歐元（約新台幣 431 萬元），亞洲第一，全球第五。而台灣人民多年來也受惠所擁有的有價證券價值呈雙位數成長，原因為：

1. 懂得買股理財的人變多。股市上一萬五千點正好搭到順風車，如此所具有的資產自是隨股市行情增長。

2. 投資股市確實是容易致富的理財工具之一。

3. 證明台灣的游資充裕，可以善加利用。

再回談主題，如果打算每年獲取 100 萬元股利入袋，以年投資報酬率 4 ～ 6% 計算，資本額需在 1,666 ～ 2,500 萬元之間，並且每年所投資的公司都能完全填息。因此不能將所有資金只壓在一兩檔股票上，萬一哪家公司出事，易來不及應變，況且很少有公司能在三十、四十年間，股息殖利率都配到 6% 以上的（如果是早年買的質優股票則收益率就不只此數，並且逐年提高）。

假設我們希望在十到十五年間能夠達成「年獲股利百萬」，想達到這目標須注意以下幾點：

1. 你已放進多少本金在這項投資裡？

2. 投資何種標的物，可持續具備「存股領息」的效果？這種優勢預估還可維持多久？（例如：十多年前你買某些金融股或權值股來「存股領息」效果不錯，但未來十年可不一定，因為有些公司年年配股，股本不斷膨脹已稀釋獲利，股價不易上漲，最後面臨減資，有的減資多次）

3. 若不是用一次性大筆資金投入，那就要逐年按月來分批買股，但這時想買的股價若已偏高，該怎麼辦？

4. 如何加快「存股領息」達到百萬的速度？是否必須不斷投入資金？而資金從哪來？

由此可知：在一、二十年前運用某些個股「存股領息」其方法可能快狠準，但現今若再買相同個股也許令人失望，許多人現在正打算投入股市該怎做？我們所做投資可以獲

利多半有「時機」問題，坊間投資股市成功案例在他那時候利用這方法或許可行，然而目前的你若再使用相同模式可能效果有限[1]，所以投資股市得以成功，方式是多變的，我們須認清不同時機、應對不同環境、運用不同方法，最重要應找出自己擅長又可長可久的獲利方式。

如果方向正確而且又是自己容易掌控的，那麼累積財富的模式其實可說是大同小異，萬變不離其宗，這也是投資股市奧妙有趣的地方。

---

1. 因為特例不等於通則，請參考「倖存者偏誤」理論（survivorship bias）。

2-3
初階投資（中）——現金爲王

"
根據統計，投資股市犯錯機率偏高者，交易次數往往越多，換句話說，若能在投資這條路上做到「減少犯錯」，通常便可輕鬆成爲贏家。
"

在「初階投資」期間多數人最缺乏的是資金，而資本來源仍不脫「節流」和「開源」，其中「開源」佔總投資金額比例最高。前面敘述「基本階段」即有提及選取 10、20 檔股票做爲組合（這是在建立個人投資系統，落實穩健的「股票群」概念），此時即可派上用場。

回顧前面所講：買股應以收取股利爲主，在這個架構下經營管理，主要目的是減少台股大盤或全球股市巨幅震盪下在資本上的損失。所投資公司若能長期獲利，就可適時增碼，也不多買以防續跌，讓時間永遠站在買方，自己擁有絕對主導權，因此計畫性手邊須保留 1 / 3 的現金，

即一般所稱「現金為王」，要是遇見像 2008 年、2020 年全球股災就有本錢再行進場。萬一真的碰上大好時機卻獨缺資金，也可以利用汰弱留強方式，來個「乾坤大挪移」將股票群做重新整理，資金立即到位，而這個玄機，過來人肯定十分清楚。

「初階投資」前期，被視為草創奠基階段，先站穩腳步待根基紮實，才來談後續發展，這時可說是漫長難耐又脆弱的時期。接著我們開始提高獲利標準：**力求既能收得股息又可兼取價差。**

假如資金雄厚即以純賺股息為主，不必理會價差，因為個人時間寶貴，還有更優先事情待去完成，若是資金較少的人士可能「股息」、「價差」均需兼顧。股票極具波動性，一家公司股東人數眾多，每人動機不同，因此遇見股價上漲到不錯價位，可先行出脫部分賺錢持股（所謂微幅調節），這差價有時頗為可觀，常是多年股息加總，缺乏資金的朋友可藉此在短時間增強個人財務實力，

唯記次數莫過頻繁。如果這是一檔績優股就不必全賣，可繼續賺取股息和累積日後的漲幅（試想早年買到像大立光【3008】、信驊【5274】如此的潛力股，結果現在一張沒留豈不可惜），況且全部賣掉容易不再關心該股動向。

投資股票重點應放在賺得「時間」上的財富，但仍能順勢獲有波段價差。不小心股價一飛衝天不再回頭，十分慶幸自己身邊仍有多張，自是心情大好不在話下，不致扼腕跟財神擦身過，這種操作手法即所謂**「車輪戰投資法」**（即輪流應對切入，價差超過滿足點即行出脫部分持股，以增加自有現金，待股價下跌再適時回補，來回操作周而復始）。

如果資金已逐漸壯大，接著布局即趨向更多元，持股屬性可更大膽，像是投資成長股、轉機股，但它們往往沒配息又具風險，所賺到的多為「機會」。這時操作已偏離存股性質，而成長股及轉機股切勿持股過多，原因是：**一般成長股及轉機股，因以前多半紀錄不佳或尚未形成主**

流，持有它的股東多半考慮賺取差價，股價時常暴起暴落，投機性質高。當然這些公司也有在近年才開始配息豐厚，但可維持多久？沒人知道！此時投資正式進入「高風險狀態」，我們持股家數可以擴充至 30 家（即變成自有的一籃子股票，此規模猶如管理一家股票型基金）。

而說到持股多家另一好處：方便做輪流換手以填補獲利空檔（這唯有深刻體會才知微妙）。自然一切仍需依據個人照看程度來決定持股家數，若持有家數較少最好分散類股投資，不要完全投資同類型的公司，除非你有特殊目的。已經獲得足夠經驗，即表示個人持股操作上趨於熟稔，則可將定存股[1]、成長股、轉機股、景氣循環股……按比例分配（試想：當初選上像中鋼【2002】這類股價二十年低檔徘徊且配發股息不穩的公司，而這二十年都是重押，想必一路收取股息貼補家用確實辛苦）。

類股勢必輪動、個股人氣不均、買股跟風隨性、天災人禍無法預測，一般股市只要處於微幅多頭，不需是大多

頭，即有不錯價差進帳，足見**買股分批進場非常重要**。由於選股靈活度隨時間提升，如果再遇上難得時機加持，往往一檔股票來回價差獲利萬元不等，甚至發現自己半數持股成績亮眼，等待時間越久收穫越豐（為何需要調節？天下沒有只漲不跌的股票），這就是賺得「資金長期醞釀」的錢，不必短進短出只圖區區幾千元，以上所提即為「**多線釣魚投資法**」（觀察個股表現，伺機分批收網）。

但即使如此仍須注意：切勿影響正常作息，有工作要照顧的人士可利用沒上班或休息時間，甚至休假時候去關心理財，因為公務在身卻做私人事情給人觀感不佳，不夠專業也破壞形象，非常不值，況且並沒會賺，**股市高獲利訣竅仍在「等」字**。俗話說「買股是徒弟，賣股是師父」，股市中要何時「下車」難度極高，也是本事所在，時間會磨練出敏銳「嗅覺」，可以輕鬆洞悉股市未來。買股後不需天天無時盯盤，經常看盤不易守住，反而更易賠錢，不如心平氣和，讓「時間」一直證明你的睿智，我們就以逸待勞。

當然，若有餘力或因爲好奇也可學習觀盤技巧，讓個人操盤更爲順手，然而股票這類商品它是反映整體市場的櫥窗，內有諸多玄機，否則股海沉浮爲何有無數股民前仆後繼最後多以失敗收場？我們在「無作爲」下就能從股市獲利既安全又愉快豈不有趣好玩？

　　容我提醒讀者們：不少人士依賴 KD 值 [2]、RSI（股價相對強弱指標）、MACD（平滑異同移動平均線）等等指標買股，像是依照 KD 值黃金交叉、死亡交叉來回操作，但是這些指標均屬「落後指標」，也僅能提供參考。我們所見諸多股票分析或相關指標是在事實發生後才據此做出推斷，所以無法過度依賴，那會變成「看圖說故事」。世間股市並沒有「先行指標」，如果被人稱之「先行指標」這也只是臆測，它應該被解讀爲「可能」。

　　試看當今股市操盤者沒有「萬無一失」的，沒見過哪位人士一輩子對股票判斷百分之百精準，這意思是說：只要在股市投資是非常容易犯錯的，交易次數越多機率越大，

因此在投資道路上若可以做到「錯誤少正確多」即能輕易成贏家。

---

1. 定存股：公司經營穩定，每年都可配發較高股利還能順利填息，由於是長期持有而且年年可以領得現金，就如同將資金放入銀行做「定期存款」。
2. KD 指標：美國的喬治‧連（George C.Lane）於 1957 年所原創，又稱隨機指標（stochastic oscillator）。K 值是指快速平均值，D 值即為慢速平均值，當 K 值大於 D 值，即表示在漲勢，若 K 值小於 D 值就代表在跌勢。數值在 50 是多空交戰，大於 50 表示股價站在多方，小於 50 則股價處於空方。KD 黃金交叉：當 K 值由下往上突破 D 值時，建議做多個股；KD 死亡交叉：當 K 值由上向下跌破 D 值時，則建議做空股票。

2-4
初階投資（下）──時間複利

> 初學者沒有失敗的本錢，不必非要經歷錯誤才見成長，何
> 不讓時間證明一切，待經驗累積夠豐富，投資方法也禁起
> 考驗，這時再來擴張信用也不遲，畢竟能在股市中存活長
> 久，才是王道。

如果投資 30 檔股票全跌還賠本該怎辦？那運氣真的不好，選股技巧還需加強（選股學問大，嘗試錯誤有利日後成功），這時大盤應處熊市，其他大多數投資人也面臨同樣困境，可能更糟。我們之前提過：**要依股票類型按比例投資**。這時即已發揮作用，若是存股所佔比例高，由於每年配息金額幾乎固定，並不影響利用「資本利得」增強財力改善生活，這也是投資理財最基本的要求。

何況年年在台股配息前夕仍有一波漲勢，若除權後再迅速填權，多少又拉回部分價差上損失，最糟情況只需等

待幾年即可回復原價。要是這家公司底子不錯聲譽頗佳，始終獲得社會支持及信任，在利用前述「車輪戰投資法」多少又能再彌補一些損失。

以長遠角度來看可謂「只賺不賠」，股價是一時的，**策略上「穩健持續獲利」才是我們的目標**，而且還讓利潤積累延續久遠。但這裡仍要叮嚀：某些人士聲稱可以在短時間獲利豐沛，多數不是資本已經相當雄厚就是有使用融資、融券、借券、抵押、貸款等信用擴張方式來加速收取股息或賺得價差然後再去滾存，此舉用意即想快速增加資本源頭以便獲取超過預期效益，但問題是若沒萬全把握任誰敢做「高風險投資」？

許多人甚至才一嘗試就被「洗」掉，沒經驗的人特別是初學，最好保守為宜，來日方長，可先用較少資金去做測試，一旦貿然投下重本，稍有差池極易盡失血本。初學者沒有失敗的本錢，不必非要經歷這種錯誤才見成長，讓時間證明一切，等自己經驗豐富，投資方法禁起考驗，已了解理財竅門，那時再來擴張信用也不遲，到底在股市中

存活長久才是王道。

　　股市只要採取長期投資再加以每年增值，確實可輕易超越平常勞務所得和通貨膨脹，如果短中長期都能善用正確穩當的投資方法，確是最好不過。我們不鼓勵做短，但可運用安全方式在各方獲利，畢竟每人擁有的資金不同、具備條件不一、所處環境千萬樣，因此給與讀者多方建議也是無奈之事。

　　以下再為大家介紹兩種投資法：分別是「類股移轉投資法」和「嚴格紀律投資法」。

　　所謂「類股移轉投資法」就是我們已經持有各類股的股票，因其特性加上時機，而將資金適當做移轉使用。例如金融股的股息穩定，是以存股領息為主，然而等候配息需花一年，正好利用它的空檔，如果眼前發現具有不錯成長股、轉機股等標的，就可賣掉金融股轉進成長股、轉機股，等到獲利滿足即行出場，然後再去買回自己中意尚未除權的金融股，金融股多半是大牛股，隨時可追，但頻率

仍勿過高，其他類股也可如法炮製，這事實就是以自家股票群做「借券週轉」，唯不必支付利息。

接下再談「嚴格紀律投資法」，很多人困惑不知何時買股？常聽人說就是抓住機會，然而抓住機會何其困難？**那就做到嚴守紀律不去踰越**，就這麼簡單，偶爾錯失一些獲利良機實屬正常，不可能股市所有利潤全都要拿，不必覺得錯過某些股票十分可惜，這只會使自己徒勞傷神，那是沒意義的，也不用頻看技術線型，我們照樣可以獲利滿滿。方法是：相同一家股票，只能購買比前次股價還低的價格（即讓均價越低越好），不論維持多久（反正每年收有利息），股價越低可買越多（但確定公司是賺錢的），如果幾年下來都沒機會購買呢？那恭喜你的股票已經漲翻天（請留意基期越墊越高的問題）！

要是同家股票已累積到 10 張甚至 20 張，甚至更多，在價差不錯時，可先行賣掉只剩少許幾張（即賣掉 80 ～ 90%），將賣掉的價格視同沒賣掉股票的價格，然後再重

做一次紀律式投資（爲何這樣做？而這仍是老話一句：股票不會永遠上漲。但也不必嫌棄自己總是賺太少），如此操作循環不已。

本書所介紹的投資方法，可以挑選對於個人現況最有利的進行施作，然後加以靈活運用，特別是「綜合應用」，不是之前我們提過希望在十～十五年內每年可以領取股息百萬？那麼資金多少必須雄厚，因此買股花樣及動作可能要比別人稍微多一些。

2-5
進階投資——存股的概念

> 如果不是炒短，看線型實沒多大意義，那是提供給少部分人「煩惱」用的。

在這階段投資的人士大多為實力堅強、經驗老到的中實戶甚至大戶，可以大膽投資不怕失敗，只要敏感度夠、專業知識豐富或是找可靠人代操就能長期生存，至於賺錢多寡就看市場當時情勢及操作手法。

其實既然是中實戶或大戶，進出股市金額一般都不小，有的會選擇交易頻繁，常理判斷要賺到大錢也不容易，因為成本較高，還要跟外資和其他中實戶、大戶鬥智，散戶根本不是他們對手，所以散戶若喜歡做短就容易被修理，原因在於股市資訊不透明、所擁有資金不對等，最後演變成散戶只能賺到散戶的錢，這也是何以勸告散戶適宜採用

長期方式投資股市，並以賺取股利為主的原因。

　　然而剛好相反的，中實戶和大戶則不太願意只收得股息，容易產生稅務問題，他們對於要多繳稅比較介意，可見資本龐大也是有苦處。那些在股市經營多年的老手，一般均有自己偏好，有的一年只進出股市一、兩回，而且經常固定投資某幾家公司（自然那幾家股票每年固定時間大漲，然後被獲利了結，又在固定時間會大跌，方便壓低進貨），他們有的一年只賺 1,000 萬元，利潤 10% 就離場。即因前述基於稅務考量：

　　1. 需繳證交稅、手續費。
　　2. 為所得稅。

　　拿著巨額資金在股市頻繁交易更傷荷包，而且盤勢變化莫測，無法保證皆贏，稍有失準虧損嚴重，不如想像的好玩。他們賣股方式若不相同就會在繳稅上產生明顯差異，例如價差賺 1,000 萬，來回扣除證交稅、手續費，即總投資額的 5.85‰（千分之）（電子下單手續費打折更省，也

有的在意退佣），要是直接賺得價差自然沒有所得稅的問題，但如果選擇領走股息 1,000 萬，就要繳交 40% 以上的稅金（當然目前新稅制有些優惠）。

這個階段還有另外一項特色：即持有股票家數明顯減少，甚至僅剩個位數。也有的願意冒險拿賺來的錢去做高風險投資，像是找尋興櫃、創櫃中的明日之星，即使賠掉也不傷元氣，十分熟悉如何保護自己，特別是保住既有資本，萬一不幸遭受重創還可東山再起。由於手邊資金充沛，「人是英雄，錢是膽」，他們的企圖心旺盛，總希望錢財可以賺得更多更快，最好短時間就能翻倍，應該說希望瞬間翻漲多倍，這是每個人夢寐以求的，一個人喜好展現「企圖心」自是人之常情無可厚非。因此有的即去做期貨、權證、選擇權等高槓桿衍生性商品，這些商品不少是外資利用來避險的，在股市裡資金越是雄厚越容易主導盤勢，也越容易左右個股行情及其他相關衍生商品，由於你不知道外資接下來的動作？於是上下交相猜，猜對的上「天堂」；賭錯了下「地獄」。

例如像是外資常常大買或大賣台灣權值股，然後反手做多或放空期貨跟選擇權，就這樣盤面變化風雲詭譎，應該形容為瞬息萬變，稍有不慎就被坑殺打回原形，所以必須隨時盯盤，結果身體弄壞不說，還欠一屁股債（始終感覺好像股市賺錢非常容易，但看得到卻吃不到），最後發現實在做不贏他，還是乖乖長期買賣股票比較穩當（說一實例：在某年有一大戶做選擇權，那天結算他沒盯盤，當日就慘賠4億）。他們笑稱「安分買股」那樣可以「死」得慢一點，由於投資界消息靈通，又有誰「掛」了馬上瘋傳，從此這些苦主就變成茶餘飯後的話題。

　　2020年第三季在台股進出的大戶加中實戶共有22,903人，5億元以上大戶有2,369人，1至5億元中實戶有20,534人，1億元以下散戶有323萬人，創下八年來最高紀錄（這些數據隨時變動，陳述出來主要是讓讀者了解台灣股市大戶、中實戶、散戶的規模、數量及結構）。

　　2020年台股受新冠肺炎波及，然而台灣災情輕微，加

上有台積電這護國山神、中美貿易戰混沌不明、台商大量回流等等因素影響讓台股表現不俗。而在 2022 年又有俄烏戰爭、世界性通膨、台灣 Omicron 嚴重疫情，以及一直存在的兩岸問題……，這些情勢均在左右台灣未來發展，股市就是隨時反映世界性、區域性、地方性等政經現象，我們無需預測股市將來的變動，只需抓穩方向、顧好眼前生活、順應世界長遠走向。無數內外因素常常觸動所有投資人神經，而「進階投資」的大戶、中實戶由於投下的資金龐大而致使他們反應必須謹慎靈活，除非只看不「玩」，這實關乎他們資金存活壽命。

它給予我們的啟示是：**每個階段的投資都有各自考量地方，問題點不同自然辛苦處不一，不必羨慕別人賺很多，那是要付出代價的。**回來正題，錢財多了接下煩惱增多，老想給金錢找出處，壓力也越大，總的一句：所有投資都不能貪，須選擇適合自己的。財力雄厚的人也希望找得既會賺錢又深具潛力的股票，然而問題在於：想要完全了解所投資的公司內部經營細節，談何容易？業務優良維持多

久也無解，是不是連大戶、中實戶都沒辦法保證不踩雷？更何況最底層的散戶？

以下列出最新稅改資訊，財政部於 2017 年公布全民稅改方案，內資股利所得課稅新制，甲案：「定率免稅」；乙案：「合併計稅減除可抵減稅額或單一稅率分開計稅，擇優適用」，其中乙案的前半段，一般適用稅率 5%、12% 或 20% 者，而後半段則適用稅率 30% 或 40% 的人士。

大家是否發現？這階段已經不是簡單買股，如果想多賺些錢就得花更多心思。那麼有人會問：散戶對股票線型需要關注嗎？仍為老話：如果不是炒短，看線型實沒多大意義，那是提供給少部分人「煩惱」用的。我們仔細推敲便知：是不是技術線型用的人一多就不準？不準就有人賠錢，賠錢就壞了興致，投資自然不會有好心情，所以只管輕鬆存股，不需去傷這腦筋。

2-6
高階投資——企業經營 vs. 股價

> "
> 公司不只要保有值得信賴的聲譽，講求誠信，也應對「社會均富」做些貢獻，企業得以永續經營，這也真實反映出其存在的多元功能。
> "

　　股票投資來到更高階層，該投資人應非常熟悉這家公司，所投下資金是以許多個億來計，算是放進重本的重本，該公司營利與自己利害休戚相關，已形成「共生結構」，可謂十足超級大戶，持股比率接近 3% 甚至更多，就算差 3% 有點距離也相去不遠，其他有份量的股東也會注意到你。這時早已不在乎課稅，每年都需繳交最高稅賦，而在稅後仍留下幾個甚至幾十個億，因此能按規定繳稅被視為十分光榮的事情，並不影響財富的累積。

　　由於持股具有一定份量，個別想法雖然有時跟人不同，然而這時就算持股不甚驚人的其他大戶，也開始紛紛

運作希望團結加強串聯，一致目標在於打入公司核心，如此才可以影響人事及經營權（他們動機不同但針對目標堅定不移）。依據《公司法》第 173 條規定：繼續一年以上，持有已發行股份總數 3% 以上股份之股東，得以書面記明提議事項及理由，請求董事會召集股東臨時會。前項請求提出後十五日內，董事會不為召集之通知時，股東得報經主管機關許可，來自行召集。

又依《公司法》第 173 之 1 條明列：繼續三個月以上持有已發行股份總數過半數股份之股東，得自行召集股東臨時會（這對公司負責人來說：是不是「生於憂患，死於安樂」）。

其實設立這些法規，無非寄望更多有理想有智慧的大股東參與公司運作跟發展，因為一家公司經營的良窳，甚關乎個人權益、社會安定、公司永續、員工生計以及所有股東福祉。大家絕對不樂見公司高層毫無建樹卻領取高額職務報酬，或任由董監事每年坐擁豐厚車馬費，即使公司

虧損連連，仍聲稱是依公司章程規定，照領高額酬勞，完全不受影響（因此他們被外界戲稱「肥貓」）。

身為公司負責人是否應該發揮同理心，視公司上下為命運共同體？最重要是讓所有股東每年均可得到他們在投資上該有的報酬，讓公司的存在極具意義及價值，進而成為社會正向資產和力量，而非貽人口實，變成工商界的負面教材，並且更樂於扮演社會中堅角色（因為優良社會的形成，實有賴眾多優秀團體出現）。

公司不只要保有值得信賴的聲譽，講求誠信，也應對「社會均富」做些貢獻，唯有社會均富，國家社會才得以安定繁榮，百業利潤才可獲取不絕，所有公司自易永續經營，這也真實反映出一家公司存在的多元功能。試看時下台灣不少公司的作為及內部文化確實會讓投資人內心忐忑，例如：公司常有不當投資、已不賺錢卻又揮霍公司資本、或挪用子公司資產來解救母公司、集團內的公司互相借貸或交叉持股、公司裡具份量的人士常以公司名義添購

豪宅超跑精品⋯⋯、超額借貸只圖個人利益、借貸資金流向不明、或私下把公司財產挪移海外佔為己有、公司傳承出現問題已影響經營、有計劃掏空公司資產留下爛攤、已瀕臨夕陽產業卻未見轉型只思個人享樂、為鞏固家族企業傳子不傳賢、看見別家公司老闆 A 錢覺得自己不做是傻子、公司應變力不足導致不停虧損面臨倒閉、已債台高築無力回天只求得過且過、公司領導人能力薄弱仍戀棧權位、涉嫌炒股內線交易已無心讓公司正派經營⋯⋯等等諸如此類。

讀者好奇疑問：我這輩子也不會有這麼多錢，為何需要知道這些？如有上述情況的公司不正是散戶投資時該極力避開的？就算當初看在公司表現優異人人稱羨才慕名投資，但沒人敢保證公司永遠優秀，只要中途遇上公司「變質變節」就須及早抽身，這不是可以減少更多損失？也不致讓無良公司盲目坐大為害社會坑害股民。

而那些具有「高階投資」實力的大戶們，是否未來有

天獲得公司經營權也應將心比心引以為鑑？而非讓歷史一再重演，**人生成功並非只因錢多**，試想：天下再有錢財再有權勢的人，即使住著華麗無比的別墅，過著令人稱羨的生活，不是仍須走出豪宅來到滋養您致富而目前依舊處於貧富不均的社會？

2-7
投資股市的方法

"
股票的投資方法多如牛毛,在此提供初學者或需要策略的人士一些想法,盼能有所助益,經過切磋琢磨可以精益求精。
"

　　股市特性既然千變萬化捉摸不定,那麼股票的投資方法自然多如牛毛,時常令投資人毫無頭緒不知所從,或許經歷長時間考驗才看出其中端倪抓對方向,按理說找尋適合自己的投資法則該是個人分內功課,他人無法越俎代庖,可能讀者現在心裡早有定見,正用不錯投資計畫進行理財,如果多方參考各家意見也容易增加投資效率,在此提供初學者或需要策略的人士一些想法,盼能有所助益,經過切磋琢磨可以精益求精。

　　買股投資重視獲利理所當然,利潤多寡雖無法預測但底線至少讓「累積財富」在每年之中都能夠有進展,有句

名言「不用錯誤的方法去做正確的事情」，如果我們運用股票理財被認爲是正確的，那麼所採取的方式就該依循自己需求謹愼挑選以減少不必要的錯誤。

以下列舉幾種股票投資法，用意即在激發讀者更多靈感及想法。

1. 年金式股息投資法：

可以將理財目標訂爲每年收得股息預期超過未來退休年金一年給付總額，例如一年是 40 ～ 60 萬。選定 10 ～ 15 家績優公司，類股宜均勻分散，先設定一年股息收入 10 ～ 15 萬元爲一個循環，只要有餘錢即行平均分配買股，若知來年所選個股配息優異，加上每季獲利穩健，可採取偏重加碼，不必計較目前股價高低，若買股之後需存放三十年，現在價格實非問題，但極高價個股除外，請注意投報率。

也許一個循環需花上五年時間，四次循環已耗費二十

年，不過屆時每年股利高達六十萬元，其中總投資金額半數都為股利所得，意思就是：這種投資法我們只需付出一半成本，因此退休後即可享受雙重年金，而且這並不包含價差。

2. 蹲點轉運投資法：

這種方法重點不在領取股息，甚至投資的公司一直面臨研發特別燒錢，長期虧損致使股價偏低，不確定性極高，或為剛剛創立的公司，也或是轉機股、時尚股、雞蛋水餃股，既然是蹲點就只能等待機會，碰運氣的成分大。

當然投資時需獨具慧眼找尋遺珠，也許它正是東山再起潛力股，宜先行研究摸清底細，但仍做最壞打算即使蝕本不傷元氣，所以這類型股票風險甚高，而且不少可能存在騙局，不適合新手或力求穩健獲利的人，如果好奇有意嘗試也應等到餘錢較多時候，重點須知何時下車？不過這類投資若成功是以暴利計。

3. 簡單懶人投資法：

就是使用簡單模式投資股市，選擇 15 ～ 30 家藍籌股[1]，唯一要求仍需長期每年配息，各類股均衡分布，買股方式採取隨機定時皆可。選股技巧有個笑話：「找隻猴子來射飛鏢選股，最後績效不見得輸給專業經理人」。我們設定標準：不頻繁交易，重視股息進帳，採用「長期持有勝算高」的對策，這就已有多重保障，不必專程去請猴子。買股後打算贏在一年、十年、二十年、甚至更久？任君挑選，結果大不同。

若遇上某類股景氣低迷，股價直落，仍可持續投資，待買氣回升，反而價差驚人，甚至不是領取股息可比，這又給自己多添一項優勢。既然操作簡單，懶於管理，買定就完全相信它們，最終若有幾家變成壁紙也沒關係，因為最後倒了十家還有二十家，所獲巨額利益早已可以忽略損失，其特別吸引人的地方是：能讓投資人一輩子都生活在有錢而充裕的狀態。

4. 主力調節投資法：

按照這項投資法的字面解釋：將資本集中在少數「標的股」，形成個人投資主力，但需要隨時注意調節，獲利方式以股息及價差兩者兼具，不少大戶、中實戶，甚至外資也採用此法。

投資標的甚至只集中於一家股票，建議優先選擇仍為注重配息，公司必須持續賺錢，獲利可以不斷成長，而且這種優勢還能維持長久，該投資法特點在：機動性強、靈敏度高、價差滿足即做調節、進出不用頻繁、見公司不妙須「全員」撤離。

其實這種投資方式的操作手法是：將自有資本拆成 10 到 20 批次，股價一直上漲時就於股價小幅差距即行一路購買，待價差滿足就分批一路賣出；相反的，股價一直下跌時就在股價擴大差距時即一路買進，而且還可多買，微幅增加購買比重，待股價回升後遇有滿足的價差即分批一路賣出，但必須保持現金和股票機動比例，如此周而復始。

5. 遠距單點賣股投資法：

　　股票採取分批多次買進以降低成本，然後就按兵不動，每年定時等待配息，待股價由於各種原因不斷墊高，仍繼續耐心等候，一直到價差擴大為每張超過百元以上，這時只賣出一小批，等待價差變成兩百元時再行賣另一批，而第三次賣股時間：價差為 300 元、400 元……。如此一直等候下去，也一直賣股下去，如果中途看見該股遠景可期，即行回補一些但不用太多，因為基期越高，風險越大，除非遇上絕佳買點。最後發現該股已是：投報率太低、每股盈餘不會再有突破、也沒本夢比、遠景堪慮、每年配息越來越少，或賺多配少，就須全額出清祝它幸福。

　　這時若再去建構其他標的，依舊奉送大家那句老話「沒有永遠只漲不跌的股票」，此種方法可以同時經營好幾家公司，只要資金雄厚而且照顧得來，一般這種方法較為適合高價股，然而低價股也可採取相同模式，因為所有高價股也是從低價股漲上來的，但是必須降低「價差滿足點」。

另值一提，大部分股票只要觀察它每年「每股盈餘」就可推算出股價能夠漲到哪個位階？應該注意每股盈餘的持續性，當然也有例外，例如它是還沒被發現的黑馬股又或是目前正有人在炒作。

6. 人氣暢旺投資法：

股票漲跌是有跡可尋的，重點就在人氣，可以隨機檢視日線圖選擇趨勢線角度呈現向上延伸者（可觀察 MA20 即 20 日線），例如緩攻者略呈 22.5 度角；急漲者呈 30 度以上，這表示眼前該股人氣暢旺，許多人瘋狂參與，熱度加劇。再行參考上漲原因：有題財、獲利佳、具願景、人氣足、股利豐、景氣好、漲期長、被炒作……，介入後提防回檔，故需設停利點，交易仍不能頻繁。這類股票待上漲原因褪去就易巨量下跌或者整理時間拉長，不能私留感情，如果它是長期給與豐厚股利的績優股，那就另當別論，可以長抱不急脫手。

坊間有許多專家認為：那麼何不集中財力只買一支會

大漲的股票，不是賺更多？不需買許多家股票反讓力量分散，如此獲利太慢缺乏效率。但問題在於：真實情況下會有幾人敢做？又有多少人預知能這樣做？有可能全部股民都來買同一家？試問如此暗藏危局是否奇高？於是倡議者變成「事後諸葛」，就好像去買樂透，等到開出中獎號碼，即對人說：「你們當初何不全押那幾個號碼？也不過是那幾個簡單數字。」

7.股票菁英培育投資法：

此方法簡單講即是「去蕪存菁」，一家公司業績歷久不衰又長期善待股東實屬不易，常見的多半時好時壞，重點在於選擇這家股票之後，如果能讓個人資產始終可以保持豐盈，這關鍵真章則見於公司長遠發展過程，不到將來沒人知道投資最終效益。猶如一棵果樹開花結果，母樹多半傾向結實纍纍，防範諸多不確定，以增加果子成熟繁衍後代的機率。這意思就是：多方選擇自己中意的股票，一路走來歷經考驗看出能耐，符合期待者重複加碼，令人失

望者宜行「減果」，降低資本養分流失相對是在壯大個人菁英股票實力。

8.跟隨聰明人投資法：

這個投資法是「人多必去」（不是股市名言「人多的地方不要去」可以反其道而行），人多才有大錢，絕不缺席，方法有點像賭博，眼睛要雪亮，警覺心需極高。在此氛圍操作下自恃聰明者極多；自認運氣絕佳者更不少，但未必能賺到錢，慘賠者眾。

所以你必須比他們更聰明，或是比他們要膽小，或者操盤方式看似笨拙，也或是想法跟大家不一樣，這些情況下就可賺到錢，而且需知「見好就收」，不要因為賺得越多反而玩得越兇，還連續一直玩，這樣下場就很淒慘，沒聽說過從來不輸的？

這種投資法最大優勢是可以賺得無數「聰明人」的錢，那麼讀者又會問：這不是旁門左道？但是每天不知有多少

股民**趨**之若鶩殺進殺出，甚至欲罷不能，樂此不疲，有誰不想賺錢可以更快更狠？這是世間普遍群眾的心理，也為現實股市永遠的寫照。

---

1. 藍籌股（blue‐chip stocks）：即等同台灣的權值股、績優股，是指在一行業中具有重要地位，業績優異知名度高，市值也大，公司經營可得信賴，營收獲利長期不錯，每年均可配發豐厚利息的優良公司。

Chapter 3

利滾利的快樂，
「時間複利」的魔法

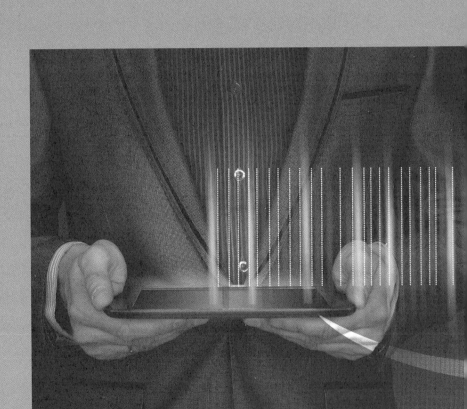

投資理財不是人生的負擔，而是一種生活調劑。買股時多注意「概算」的價錢，而非計較「精算」的價格，充分享受投資樂趣，這才稱得上是生活藝術。

3-1
通膨 VS. 通縮

通貨膨脹是人類自有市場經濟以來就必須面對的問題，只
要個人餘命夠長，即會遭遇通膨跟漲價壓力，古代如此，
目前亦然，未來更是無法避免……。
因此，「有效理財」勢必是現代人終其一生都該關注的重
要課題。
"

有許多人存疑：「真的長期投資股市穩賺不賠？原先
投入的資金非但沒減少還會增加？不是說股市高報酬高風
險？」主要成因在「通貨膨脹」。

也有人開玩笑：「當你在賺時間的錢，相對時間也會
賺你的錢，而且時間往往總是贏家。」通貨膨脹對於國家
經濟是破壞力也是推動的助力。通膨對於經濟成長有一定
貢獻，還可以抵消政府支出赤字，並非一無是處，也能發
揮貨幣在數量上的動能和貨幣在輪動時的效率，不過站在

小老百姓立場看，似乎覺得弊大於利。

　　通膨始終不斷侵蝕幣值面額，並且一直用「複利」方式進行，不定時加大勁道，形成強大反向拉力，於是錢幣快速變得不如原來有價值。根據估算：如果每年通膨率（即消費者物價指數年增率）為 2%，那麼十年後等值貨幣所具有的購買力只剩 65%（因此通膨超過 2% 就令人擔心）。台灣自 2018 年實施軍公教年金改革，十年後的所得替代率依年資不同，分別調降至 37.5 ～ 62.5%，而所發年金不隨每年通膨調整（政府已注意到此問題有考慮修法），這對該族群朋友來說確實是一大隱憂。因此無論退休後請領何種年金？基於最終容易發生年金不足，深怕晚年生活無以為繼，如果身邊隨時準備一筆永久性「補充收入」來彌補這個缺口是非常有必要而且幸運的，這多少可以維持老年時期優良生活及個人尊嚴。

　　根據行政院經建會的統計資料，台灣歷年來通貨膨脹率平均值：1961 ～ 1970 年為 3.4%；1971 ～ 1980 為

11.08%（包含能源危機時期通膨）；1981 ～ 2000 年是 2.87%；2001 ～ 2009 年是 3%。也就是說在 2009 年當時的 100 元，若換算成 1965 年的幣值只有 11.04 元，然它們僅相隔 44 年，顯而易見通貨膨脹是無時不在吞噬我們的資產。再以美國爲例，1962 年與 2010 年比較，消費者物價指數增加了 6.2 倍，可以說通貨膨脹是人類自有市場經濟就必須面對的問題，只要個人餘命夠長，即會遭遇通膨跟漲價壓力，這在古代如此，目前正在進行，未來也無法避免，因此「有效理財」勢必是現代人終其一生都該關注的重要課題。

然而早年並沒有這個觀念，最著名的例子：像是三、四十年前台灣不少演藝人員在歌廳作秀，一晚報酬可以買上一戶房子，可是他們不少人沒有留住辛苦酬勞，實在不知該如何保住自己資產，錢來得快也去得快，最後財產歸零甚至負債，這也肇因於當時理財知識不足，社會並沒這樣風氣。

又例如在台灣 80 年代股市上萬點，許多人賺得盆滿缽

滿，不知道這僅是暫時的曇花一現，消費突變闊綽，各行各業生意興隆，被人形容為「台灣錢淹腳目」，在那時賺得大錢而最後守住的又有幾人？如果可以把快速賺來的大錢做妥善安排，相信日後自有不同景象。

由於通膨無所不在，假如現在銀行利率又無法超越通膨，就導致存款是負報酬呈現虧損狀態，結果造成手邊財富日漸縮水，存得越多收獲越少。這跟每年能有 4 ～ 6% 的股息入帳相較，長年累積下來，財富差距自是明顯懸殊，所以採用何種方式理財，就跟我們的財富命運綁在一起，這也看出若投資股票論長期報酬實遠勝定存。

又比方說自 1971 ～ 2013 年這四十二年間，台股大盤報酬率（即股市平均表現）累計為 6,279%，就是講在四十二年前如果投資股票 1 萬元，2013 年時其價值為新台幣 627,900 元，這僅為平均值，算是保守說法，不少股票在這四十二年間投報率已超過數百倍。有史以來對抗通膨最佳方式即是生財（開源或資本繁衍），「資本繁衍」直白講就是投資，投資股市風險雖大，如果清楚認知，做好

防範，長期累積的報酬異常驚人，因為股票投報率是無上限的，而且投資時間已經拉長，加上方法運用正確，自是安全無虞。

除了通膨之外，相對的還有通縮，即「通貨緊縮」，意指貨幣流通量減少，物價下跌，失業率上升，通膨率甚至呈現負數，實際購買力短時間提高，但消費者容易期待商品能有更低價格，故吝於消費也沒興趣做投資。導致各類商家營收減少，獲利不如預期，於是被迫降低售價，或者自行吸收成本，但是商人無法長期虧本，進而減緩貨品生產，造成國家經濟衰退。最著名的實例即為日本，近二十多年來，日本一直採取量化寬鬆，卻始終無法解決國內通縮問題，當然成因複雜，像是少子化、人口高齡現象、貨幣過度升值、生產力不足、消費力低落、薪資漲幅小等等。綜合上面對通膨及通縮的了解，我們可以歸納以下結論：無論國家處在通膨或通縮的狀態，只要民眾個人資財豐沛，其實大家是十分樂意扮演活絡經濟的角色，也就是說，**人民只要有錢手頭寬裕，通常不會在乎商品價格**。

3-2
高股息 VS. 高配息率

> 如果有家公司今年獲利不高，配息卻高得驚人，甚至拿出公積金，而前四季營收並不好，或者公司某年營收特高，其他年份都不行（那年可能正好大賣家產），就得萬分小心。

　　「高股息」是指每年配息金額相當厚實（包括配股），它會比一半以上的上市櫃公司都配得多，通常以 3 元（含）以上做標準。俗話說高貴不貴，既然配息高，那麼公司必須很賺錢，而且還要持久不衰，但相對價格也不親民，投資人口袋需夠深。

　　坊間有理論認為，股息給得高是代表該公司已步入衰退期，不過這僅是觀察「公司營運現況」眾多條件之一，要評斷一家公司盛衰事實上技術面十分複雜（股海存在各種理論）。每家股票願給高股息其動機不同，所以判定公

司的出發點不能一概而論，仍需評估這家公司體質及營運現況，他們業績是否持續成長？高配息可否長期維持？

回到主題，「高配息率」是指每次公司將盈餘配發給股東的比率甚高，比如配發率達到 70% 以上，配息次數最好近十年配息 10 次，公司不能把盈餘全用去做別的，然後只對股東畫大餅，宣稱公司經營不順要求共體時艱，實有不得已的苦衷。另外還有「高殖利率」：要稱得上高殖利率股票，至少投資人每年股息的投資報酬率能在 6%（含）以上（股息／股價×100%），高股息股票價格之所以不低，因為早有人發覺划算先去卡位，這也說明投資就是儘早看好商機。

然而高股息股票相對填息難度高，還要年年高配息，實在是考驗公司持續優異的能耐。我們買股須關注的：應長期收到穩定股息，股價不暴起暴落，可攻可守，就算跌深也易反彈，這表示願意接手的人很多，所有你買的股票最終是需賣掉的，我們買來的商品一定先具備別人也喜歡

的誘因。

高股息股票一直都是頗夯的話題，常見諸報端雜誌或各個媒體，但有一問題：今年給了股息多，明後年是否依舊？實在必須長期了解這家公司總體表現，找出近十年（甚至更久）配息紀錄來研判，如此不致賺股息賠差價，加上每年可填權息即列首選。如果股價久久無法翻身，投資心情自易低落，最怕這時又急需用錢，總之不能把全部資金一次性投入，除非閒錢充裕，宜分批逐次進場。買股開始階段可稍微積極，之後就需要冷靜。

如果有家公司今年獲利不高，配息卻高得驚人，甚至拿出公積金，而前四季營收並不好，或者公司某年營收特高，其他年份都不行（那年可能正好大賣家產），就得萬分小心。試想公司歷年配息不多，現在也沒賺到什麼錢，今年突然配息奇多，待股價飛漲即有人暗地出貨，有時沒等除權，股價早已直直落，從此一蹶倒地，以後沒再看它爬起。可見購買定存股或是成長股、轉機股均須看它業績

並且長期追蹤，將每季獲利表現記錄下來用以熟悉公司效率，因此就需經常注意公司財報（一般而言每家公司營運動態均有慣性，投資人買股的前幾年可能辛苦些，但以策安全）。

依照台灣證券交易所規定：「公司第一季財報在每年5月15日前公佈（每季結束45天內）；第二季財報是8月14日前；第三季財報為11月14日前；而第四季財報及年報要在隔年3月31日前公佈（自2024年起上市櫃公司於年度終了後75日內，即3月16日前公告上一年度自結財務資訊）。」每次財報公布都會引起投資人及外資關注，更敏感是月報，即每月10日前公司必須公告並申報上月份營收狀況，到時各家公司無論業績好壞，股票市場多少掀起一些騷動而這也是必然會發生的，不用過於擔心。

3-3
選股 VS. 選時

> "
> 無論做任何投資，最要緊是先保本，其次才談利潤。許多投資人之所以慘遭滑鐵盧，實為重視的順序顛倒，最怕一旦投資失利加上資本已耗盡，真可謂翻身無望了。
> "

　　某次偶然機會跟朋友在咖啡廳聚會，從潔淨的落地窗，看著外面熙來攘往的行人，我突然心生一念，問了身邊的朋友：「你相信嗎？那些來來往往的行人每個人這輩子都有機會可以很有錢，只要他們善用自己固定收入。」

　　朋友一聽好奇心頓生，接著問：「怎麼說？」

　　「想想看，如果將每月存下的錢以年息 6% 利潤去做投資而且運用複利來累積，不是存得越久獲利越多？這種投資方式只要延續，最後不是可以變得無法想像的富有？」我這樣回應他。

假使這個路徑是以買股來實現並且方法安全，不過問題是我們買股該在何時？是否需等大盤跌掉 1 ／ 3 甚至只剩 1 ／ 2 時再進場？這種情況發生的機率多少？也許等上十年、二十年甚至更久。

　　那在還未發生「股災」前難道不能先做些什麼？或者現在馬上就有收益？試想人生有幾個十年、二十年？不是該活在當下？我們不如在等待期間每年也有可觀額外收入，豈不等待起來既開心又符合需求？

　　有專家長期研究認為「不選時買股比較容易獲利」。比方拿出 10 萬元買股，每年平均報酬率 6%，連本帶利第二年就有 106,000 元，再依同樣模式投資，到了第十二年即價值 201,170 元，當然這是把股息持續投入才有此數。即使在第七年也已賺得 50.34% 的利息，而這並沒包含價差，所以越早投資買股獲利越高也越划算，何謂早呢？及時行動儘快落實。那麼所買股票萬一跌掉只剩 5 萬元怎辦？我們之前提過，買股是有條件的：

1. 公司每年穩定賺錢。

2. 年年慷慨配息。

3. 預期不會倒閉。

假設它到第七年跌掉 50%，我們僅只沒賠沒賺，股市崩跌存在諸多內外因素，若個股長期表現優異而股價竟然腰斬實不多見，只要謹慎選股。例如像 1988 年 9 月 24 日「郭婉容事件」當時的財政部長郭婉容女士宣布隔年開徵證所稅（證券交易所得稅），台股隨即無量下跌 19 天，大盤指數由 8,813 點跌到 5,585 點共計跌掉 3,228 點，跌幅高達 36.6%，那時任何股票都無法倖免（任人皆知「機會難得」，問題是：那時誰敢買股，心想會不會還有低點？把握住大好時機者有幾？）。

然而符合上述選股條件的個股，正是我們極力加碼的對象，由於目標明確，投資效率設定在「累積複利」，所以年年必須買股，這時你已非常了解該買何種股票？因為平時有在注意也逐漸累積到經驗。自是對既有股票較為熟

悉，可放心多方加碼降低成本。假如大跌問題出在公司本身，比如像長期面臨虧損、或是公司負責人經營不善、或爲本業體質不佳，遇見這些內部不利狀況就須有所警覺。

我們買股原則：必是永久確保既有資本並且每年還可獲得股息。無論做任何投資，最要緊是先保本，其次才談利潤，許多投資人之所以慘遭滑鐵盧，實爲重視的順序顛倒，最怕一旦投資失利加上資本已耗盡，眞可謂翻身無望。再回到主題，只要公司營運有成長，每年填權息機會高，假定投資人目前尚未完整持股或正要打算買股，可優先布局大型權值股 **1** 或績優股，例如參考：台灣 50**2**、高股息 ETF**3**、台灣中型 100、高薪 100、富櫃 50、台灣就業 99 等等的成分股。乍看感覺家數頗多，但做過篩選範圍縮小實際上並不多，不少個股會重複出現，足見其重要性不言而喻。

上述這些股票如果找尋到公司具備**股本龐大、獲利穩健、捨得配息、善盡社會責任**的特色，那麼不論大小股東

甚至外資都很喜歡投資它們，因此在這些績優股除權息後，各方勢力會手相把之前棄權息的股票再行補回，而且有些新手也選此時買股希望撿到便宜，自然非常容易填息，則又帶動股價呈現另波漲幅，於是加大這些股票想像空間，只需熟悉某家股票每年的生態變化，其實不必成天在股市殺進殺出，那樣做不會對自己更有利。

---

1. 大型股：是指公司股票市值在 100 億元以上者；「超大型股」：指公司股票市值超過 1,000 億元者；「中型股」：指公司股票市值在 20 ～ 100 億元者；「小型股」：指公司股票市值在 20 億元以下者。

2. 台灣 50 是台灣最大的 ETF，全名為「元大寶來台灣卓越 50 基金」，簡稱「台灣 50」【0050】，在台灣證券交易所稱之為台灣 50 指數成分股票。目前管理費是 0.42%（2019 年）。

3. ETF（Exchange-Traded funds 縮寫，是「指數股票型證券投資信託基金」）即一籃子股票合購。例如台灣 50【0050】、元大高股息【0056】。購買 ETF 的缺點是：經理費、保管費、管理費用高，每年 0.355 ～ 3%，持有越久，扣款越重，有的國內基金打算仿效國外再收取「績效費」。最重要是，ETF 並非穩賺不賠的商品，仍然會存在風險。

3-4
存股？存 ETF ？兩者差異大

> 投資理財無法一次到位，牽涉層面廣泛，必須花上一輩子時間來經營。基於上述成因，致使多數人不知該如何在存股與 ETF 間做取捨？

　　買股或買 ETF 到底哪項投資比較優異更爲適合自己？這議題實是「公婆說理」它們各有擁護粉絲，基本應與個人「既定信念」有關，既定信念最終落實在實際作爲，我們採行何種理財方式多半先求了解，而積極尋求自身利益做爲投資動機是再正常不過的事，最後從自己所偏愛的做出抉擇，加以既有主客觀因素，其中包含：目前個人金融知識的累積、工作忙碌常寄望簡單理財、顧忌投資風險超出容忍、投資變現後之損益、理財最終需求及時效、對各式投資已留固定印象、知悉周遭人士理財效率、媒體報導投資案例影響、聽聞金融商品之宣傳、個人條件限制和期

待、環境劇烈變化引發憂患意識及疑慮等等。

基於上述成因錯綜複雜，致使眾多人不知該如何在存股與ETF間做選取？接下列舉這兩者各自優缺點以供參考。

存股 VS. ETF 的優缺點

	優點	缺點
存股	★投資報酬率是無上限，累積財富要比ETF快。 ★投資成本相對低廉（買賣成本來回加總5.85‰，不必摻雜其他成本）。 ★每年固定配息。 ★管理自主性強、機動性高。 ★可獲取豐富相關知識，方便各類股跨領域再投資。	★選股稍嫌繁雜，購買初期需花心思。 ★買賣技巧多，需隨時補充專業知識。 ★選股時容易出錯，稍有不慎極易賠錢。 ★股市波動大，易形成壓力，影響心情。 ★須強烈克制衝動，嚴守紀律。

ETF	★透過專業人士管理[1]，不必傷腦筋。 ★定期定額扣款，簡單省心。 ★各類型及多功能ETF均有，任君挑選，十分便利。 ★也有每年固定配息的ETF（只是佔比較少）。 ★波動性較低，投資人相較情緒波動不大。	★投資選項相對較少，多屬單一性包裹式理財，一旦基期過高獲利有限，若是長期投資易陷侷限性[2]。 ★投資報酬率易出現「天花板效應」，獲利沒法無限擴大。 ★投資成本相對較高，持有越久，花費越重。 ★同樣具有風險，也會遇上賠掉價差，配息者仍有貼息困擾，並非買了就安心。 ★創始之初購買利潤高，但中途切入則投報率開始遞減，「黃金報酬期」短暫，且不易做出投資轉換。

資料來源、製表：禮林

　　綜觀上述買股與買 ETF 的優缺點，或許目前仍無法做出決斷，主因沒有實際經驗致使求證困難。

但值得注意的：兩者投資都可能獲利或賠錢，同樣個人必須承擔風險，不論最終確定做哪一種投資？或是二者兼具，它們都需要投資人擁有基本常識，也就是說：購買ETF 仍應做足功課，而且不會比買股少。

在 ETF 或基金的招募廣告中不是這樣提醒「投資有賺有賠，申購前請詳閱公開說明書」？事實告訴我們，完整理財並非一次到位，一蹴可幾，其中牽涉層面廣泛，它必須要花上一輩子的時間來經營，既然如此，那麼越早藉機測試找尋適合自己投資標的是非常有意義也必要的，然而最終選擇相信專家還是自己？則由您來決定。

---

1. 周轉率：即該家股票的換手率。這也適用於 ETF，因為 ETF 每年均須對所買賣投資標的做換手（週轉頻率有高有低）及調節（例如遇到客戶贖回）動作，而所用到的成本必須由全體客戶共同來分攤，因此 ETF 每年必須向客戶收取管理費用外，並且還要加收人事成本（經理費）。
2. 投資人獲利效果呈階梯型態，收得最高利潤者人數不多。

3-5
股市投資的變與不變

> 投資理財不該變成是一種負擔,股票交易只需注意其「概算」的價錢,而非計較「精算」的價格,充分享受投資樂趣才稱得上是生活藝術!

「股市裡可以在短時間獲得股息百萬甚至更多?比方五年、十年,這指的是存股,不是當沖。」

「資金可要雄厚,先有個千萬之類,再不然就是靈活滾動資本,那也需要有些機運和巧妙手法。」

「好像股息和價差都該兼顧,才容易累積到足夠的存股資本。」

有親戚在股市累積多年經驗,彼此談天提出不同看法。

「如果只有數百萬資本，就需花較長時間養成，關鍵仍在耐性跟紀律……」

「說起從股票獲利，它可以無限大，的確值得投資，但是應有自己熟悉的原則。」

「那麼可聽信明牌或依靠自己鑽研，從股市快速致富？」

「問題出在『快速』，不能說沒有，有也少數，股市獲利最忌諱太快太急，因為它並不屬於這類型的商品，而且越是希望快速從股市獲利越要小心，我們應該重視投資的『最終報酬』。」

但對大眾來說，一生最受用的卻是投資的「中途利益」

「如果買股這麼好賺，自己私下做就好了，何必告訴別人。」

「做股票若純為打發時間可以，不過想賺得穩當利

潤，就需留意自己做法是否符合長效性？而且所用方法越簡單越好。」

只要在股市，投資大眾都有自己拿手自豪的心得，一般稱之「股票經」，方式各異但可以獲利就是好方法，倒是人人買股結局大不同。

也曾有人這樣告誡：

「應該正面看待投資理財」

「內心輕鬆愉快，以不變應萬變。」

「危機就是轉機，股市變動越大越有錢途。」

「你若真了解股票投資可說處處是機會，隨時有商機。」

那麼，現在打算走上這條投資道路的人，又該如何自處？

股市投資始終充滿變數，不確定性隨處可見，它是變

化劇烈的產品，有商機自會有危機，獲利也無定論。就以個人立場而言，總寄望賺得利息跟價差，但現實非盡如人意，這類商品經過買賣完成交易立即反映出投資結果賠與賺？獲利情況也不斷浮現在短中長期時間表上，即是有人現在賺錢但以後卻賠本；有的目前小賠但將來反而大賺，因此有人笑說「有賺就好，剩下的留給別人」。打從買股開始就必須面對變化莫測的市場結構，投資期間遭遇的風險繁多難料，沒人知道最後結局為何？

　　買股之後，遇見明顯的例子有：公司產品有無需求性、公司未來發展興衰、公司成員想法及作為、投資人買股動機和時機、股票市場短中長期變化、國內外經貿導向、不可預期事件發生、國家政治成熟穩定度、國際議題發酵對股市影響、全球區域局勢演變……，再再牽動投資意願，投資人常常不知何去何從，直白講就是投資股市依靠運氣者居多，心理因素（恐懼、貪婪、猶豫）也推波助瀾左右個人行為，投資採取的策略已決定理財未來命運，在股票市場混沌不明下投資人誰不想利潤極大化？可惜多半事與

願違，無怪乎多數民眾不願買股理財。

可是，基於投資股市獲利豐沛，累積財富有其優勢，我們或許藉由一些「不變原則」來做因應，讓內心消除過多疑慮，**充分驗證股市雖有諸多變數但這反是累積財富的最大助力跟契機。**

那麼應該具備哪些不變原則：理財必須積極主動、採多元方式存股、要以獲取股息為先、不頻繁進出股市、應長期持有股票、追求投資永久利潤、不必貪心傷神、買股獲利是以「用得到」、「用得好」為要、股票理財應遵循一般成功通則而非特例、存股後該視它為一種「資源」、股市投資若想獲取高利就須付出代價、理財方式追求簡單輕鬆。**投資理財不是人生的負擔，而是一種生活調劑、買股不用變成職業，照樣有閒有錢、股票買賣只需注意其「概算」的價錢，而不必計較「精算」的價格、投資理財不必變成人生的全部、充分享受投資樂趣才稱得上是生活藝術，**從以上所羅列出的「不變原則」，或許已經可以稍稍化解讀者對於股票理財的疑慮。

3-6
投資股票的風險管理與困境

> 建議大家務必找出一個放諸四海皆為準，任何人隨時隨地都可適用的方法，而非看見別人買股獲利就認為自己也能照本宣科，應依個人習慣及條件建立專屬自己的理財模式。

投資股票第一個風險是「**頻繁交易**」。

每次買賣股票必須支付固定成本，即手續費（券商收取）、交易稅（政府徵收）。買股時只需繳付手續費 0.1425%（買股不必支付交易稅），賣股時再繳付一次手續費 0.1425% 及交易稅 0.3%，也就是買賣股票一進一出，來回需花掉 0.585% 的費用。

這看似不多但累積起來卻十分可觀，換個角度來看：只要進出股市 170.9 次，所投下的成本歸零，什麼意思？只要每天進出股市各一次，4.275 個月（即 4 個月又 7 天），

本金全無。如果投入資金為 100 萬元，最後結算須先扣除 100 萬元成本再論盈虧，所以民間傳聞：十個人買股有八個賠錢（股市裡能從頭徹尾賺到利潤的比想像困難），僅一個人賺錢，另一位不賺不賠。股市交易太過頻繁容易賠錢，這就猶如「溫水煮青蛙」（已經成癮欲罷不能），不精算成本前去投資，虧損自是沒有感覺，「資金控管」在理財來說實為必修課程。

投資股票第二個風險是「**貪心**」。

台灣股市屬於封閉式淺碟型市場，故波動性大，容易受人為操控或黑天鵝事件影響，稍微不慎就淪為賭博或幫人抬轎，結果白忙一場。所以我們須找出一個放諸四海皆為準，任何人隨時隨地都可適用的投資方法，並非看見別人買股獲利就認為自己也能照本宣科，應依個人習慣及條件建立專屬自己的理財模式。

投資股票第三個風險是「**盲從**」。

股市中希望快速獲利是人人嚮往的，但眞實如願者不多，坊間傳授買股絕招花樣百出，眾說紛紜莫衷一是，事後發現不少是浪費金錢跟時間，想回頭就必須蒙受損失。獨立判斷、審愼思考、歸納演繹是必要的，對於股票投資我們可以這樣推演：就如同前往池塘釣魚，範圍不大，容納的魚兒有限，但如果釣客大群，自會有很多人釣不到魚（股市名言：人多的地方不要去，是有原因的）。如果有的地方入場需收費，就會演變成娛樂性質高，但不易用來賺錢，這是何以在台灣股市搶短容易賠錢，特別是散戶短進短出贏面更少的原因（一是市場競爭下散戶勝算小，二是每次交易需繳交費用，可謂雙重損失）。

　　若有人短線賺到錢那也僅爲少部分而且也是暫時性的，除非賺到一筆就不再玩，這是數學機率的問題，股市裡散戶宜「放長看遠」。

　　投資股票第一個困境是「**欠缺格局**」。

　　買股追求獲利理所當然，就如同在做生意，不只追求

「短期」利潤，也要保持「永久」獲利；並非賺得「小利」即志得意滿，而是該有「獲利無限」的鴻圖。不需計較一時股價，就算現在高興賺得大筆，但然後呢？內心一定渴望下次可以賺得更多更滿，於是守株待兔，非要等到最佳買點才進場，一見股價看回不回，就花更多金錢去追，異常忙碌卻不見得獲利。

投資股票第二個困境是「**股市快速獲利，代價高**」。

股票屬於「遞移性商品」，需有人賣出然後有人接手，否則無法成交，想快速賣掉又能兇狠賺錢，不是技術高超，就是運氣特好，一窩蜂盲從者眾多，但不可能人人如願，所以股市「快速獲利」仍為極少數人的專利（相對也容易賠上大錢）。

投資股票第三個困境是「**面對股票凶險，內心恐懼深**」。

認識不清就會害怕，害怕就會排斥抗拒，加上聽到各

種失敗案例，不明就裡覺得少碰為妙，致使錯過諸多獲利良機，於是轉去接觸其他理財商品，結果仍不滿意，又投向下個投資標的（常言道「轉石不生苔」），然而想要重新了解一項投資商品談何容易？那必須花費更多時間跟精力，只可惜人生苦短。

Chapter 4

揮別詭譎國際局勢，
重拾理財的「價值」

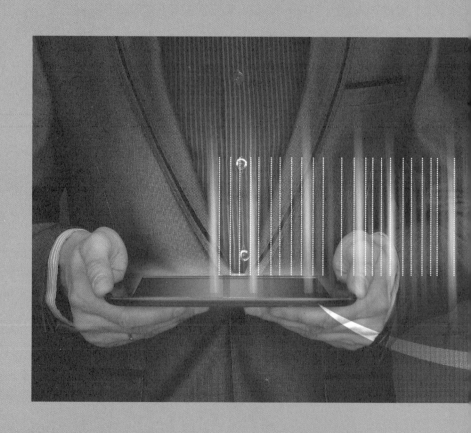

穩健尋求股利的投資趨勢，已在全球投資圈蔚為風氣，趨勢銳不可擋。須知「人人皆可輕鬆理財，立志投資必須成功」，才是正途。

4-1
台股投資面面「關」

"
用心經營的企業在股市中的表現會成為一種風氣,進而演變成一種企業文化,易受股東肯定信賴,形成良性循環,順勢朝著「績優股」的方向發展,以此類股票當做存股,相對安全。
"

以台灣 2020 年 1 月人口總數 2,360 萬計算,財富階層在前 1% 的人口,大多數是以擁有公司股票或不動產佔大宗,而又以持有高比例股票居多,因此他們每年常可獲得巨額股利,即可知道在公司資產[1] 票券化的社會這是累積財富重要途徑,而且中外皆然(一直以來美國前十大富豪資產也多以持有股票為主)。

既然投資股市可以累積財富,但社會多數人並非公司老闆或大股東,也不是中實戶或大戶,而是名副其實的小

戶（散戶），甚至才正要開始的「實習戶」，綜觀各種買股標準洋洋灑灑，令人看了眼花撩亂，真不知該從何著手？

　　舉例來說，就有以下諸多的標準可以做為條件：

「股本應大於 300 億（有說 50 億即可）」

「每日成交量要千張以上」

「連續 5 年 EPS 大於 1 元」

「每年都能發放股息」

「近 5 年股利平均大於 0.5 元」

「越是靠近淨值，越要買進」

「ROE[2] 連續 10 年以上大於 15%（不能忽高忽低）」

「買股價格定在近 5 年平均 EPS 乘以本益比[3]」

「負債比應小於 60%」

「營業活動現金大於零」

「本業比大於 80%」

「近 5 年現金發放率能在 70% 以上」

「營業利益率[4] 大於零」

「風險指數 Beta 值小於 1（才算穩健型波動低的股票），Beta 值大於 1 是當沖客喜歡的」

「股價不可低於淨值 [5] 太多」

「每年配發股利最好大於 3 元」

「本益比不超過 20 倍（即投資 20 元可賺 1 元）」

「股價應在季線（60MA）之上」

「負債比要小於 25%，財務比較健全」

「每股淨值越高越好，代表公司有價值」

「股東權益報酬率百分比越高越好，代表公司賺錢能力強，高於 15% 是好公司」

「本益成長比（利潤成長率）PEG [6] 越低越好，若大於 1.5 倍可考慮賣出；低於 0.66 倍說明股價被低估」

「股價淨值比 PB 小於 1 為佳，這可衡量目前股價便宜或昂貴」

「本益比 6 倍代表若獲利條件不變，投資六年即可回本（回本期六年），亦即六年後可以達到零成本 [7]」

「每股稅後盈餘若大於 3 元算是績優股，若為 1 ～ 3

元則屬獲利普通股」

「最近三年平均股利大於最近十年現金股利」

「殖利率每年能大於（含）5% 就算是高殖利率股票」

「過去十年來配息年數要大於 7 年」

「公司內部人士持股比率大於 40%，就算相當穩定的股票，若為超大型公司的股票則不適用，比如中鋼【2002】、台積電【2330】」

「上市櫃十年以上的老股票，股價腰斬的機率，比上市櫃五年以下的新股票低 4 倍」

「連續五年，營業毛利率[8] 大於 20%（最好在 30 ～ 80%）」

「只有是長期淨利穩定、獲利持續成長的股票才可以買」

「有些專家認為，投資每年 EPS 能在 5 元以上的公司，比較保險」

　　以上種種標準講得都有道理。全看投資人想要達成什

麼目的？而且有的條件還互相矛盾也有許多重疊，根本上算是比較正向又健康的選股方法，可以自行研究挑選，不過看完這些標準是否已頭昏腦脹，需要慢慢消化？好的股票會一直朝著「質優價美」方向發展，至少機率高。

因為公司優秀表現已蔚成風氣也演變為一種企業文化，易受股東肯定信賴，這會形成長期良性循環，公司上下能主動替股東著想，這類股票用來存股算是十分安全，說大膽一點，一輩子只要買 1、2 檔此類股票就已值得（但可惜是並非人人可以選到）。

就拿台積電【2330】為例，1994 年上市時股價 96 元（歷史最低價 34.9 元，發生在 2002 年 10 月）到 2019 年底為止，25 年間其股價加上配股配息，總投資報酬率超過 100 倍，也就是說：當時只需擁有 1 張台積電股票而且存放至今，這一路走來，其價值曾經超過 1,000 萬元新台幣，而原始股東投報率更高達 200 倍以上。

如果一家公司持續賺錢，慷慨配息（台積電近十年來

發放股息合計超過 1 兆元新台幣），又具有潛力（例如稀有性、爆發力、獨佔性、高信用度）和遠景（比如前瞻性、續航力），企業文化也優良獲得認同，就可把每年所配現金繼續購買該公司股票（即使都買零股，而且不計較當時價格高低）。

如此一直累積下去，也不需增加其他額外「投資探索成本」（要是一路覺得這家公司沒讓股東失望，可大膽再另外投入更多資金，因為你已非常了解公司未來展望），則長期投資報酬率將是以數十倍甚至數百倍來計算。

讀者會問：那現在還來得及？沒錯，永遠來得及，一**個好的投資標的始終存在多元機會和多元價值**（這只有當事人買過才能體會，請注意「多元機會」），不過長期買股會遇上不少轉折，例如目前股價若是居於高檔就應少買一點，可先試算投報率（配息除以股價，投報率太低比較適合做價差），等待又有不錯獲利率再行加碼（只需有耐性很快可以實現）。

因此我們從始至終均投資一家公司的股票（如果這種作法被視為一個獨立投資系統，建議最好一輩子能夠擁有多個類似系統，實在因為世事難料），這種投資方式我們稱之為**「股息堆疊投資法」**。

---

1. 公司資產：「負債」加「股東權益」。
2. 股東權益報酬率（ROE）：稅後盈餘（淨利）／股東權益。
3. 本益比（P／E）：即「股價收益比」，每股市價／每股盈餘，以倍數計算。例如：10倍就是以這樣的本益比買進10年後可以回本。
4. 營業利益：「營收」減「成本」減「營業費用」。
5. 淨值：是指一家公司的資產在扣除負債後，所得到的實際資產價值，又稱為「資產淨值」。例如：淨值一元即指每股可分到一元的現金資產，當在公司結束營業的時候。
6. 本益成長比（PEG）：本益比／EPS成長率，將本益比加入成長概念，可避免本益比低，但成長有限，落進不會漲的窘況。PEG越低越好，若本益比低，且EPS成長率高，股價自然欲小不易。
7. 零成本：意指投資的本金在經過多年以後，它所獲得利潤等同於原來投資的金額，若原資本仍繼續使用在投資上，此時投資已無虧損壓力者稱之。但有說法認為並沒這名詞，因為等待時間也應算入成本。
8. 毛利率：「營收」減「成本／營收」。

4-2
投資股票與「職業」的關聯性

" 鑑於職業的特殊性，收入變化劇烈缺乏安全感，可以先做
預防性投資：選定績優股並買進後，不妨試著忽視它，即
使放上二、三十年都不予理會也無所謂，理財重點放在領
取股息，只要保證長期獲得固定金援。 "

　　股票理財被認為最佳的具備條件是：能長期擁有穩定
收入，先有不間斷資金當雞母，再來規劃積累資產速度，
這樣獲得利潤才容易碩大。而每種行業在收入獲取上有個
別差異，就如同他們工作性質，有是自營事業、有是當人
員工、有的收入不穩忽多忽少、或者營收間隔長短不一，
也有需靠些運氣，接個案子可吃上個把月，爾後半年也許
就沒工作。

　　一些從事農務、水產畜牧人士，像是種植稻作、栽

培蔬果、漁產放牧，這些職業多與季節有關，可說「看天吃飯」，今年歡慶豐收，明年或許即蝕老本，加以無法預期的變數多：颱風地震、酷暑寒冬、地球暖化、夕陽產業……。

也有職業是自營買賣，舉凡在市場、夜市、觀光區擺攤，又或如做營造、裝潢、產品加工，生意好時忙不過來，若遇天災人禍可能阻斷金流，還有行業每年特殊場合及過年過節生意興隆，接下即蕭條一陣，但日常生活仍要消費花錢。因此在營收增長時期須靈活理財，避免錢財豐沛出手大方，心想金錢再賺就有，何苦虐待自己？

但每人的時間體力有限，際遇背景不同，更甚者年紀越大賺錢變少，等快退休才驚覺準備不足，不是延長工作，就是節衣縮食，然而人生無法重來。也有行業使命感重，賠本硬撐，像是祖先傳下、即將失傳、文創產業、廣電事業、演藝工作……，常需依靠補助、或尋求外援或長期自籌資金，極易遭遇財務瓶頸，還有我們無法確定這輩子是

否會遇上待業轉職無業？

　　有些專家認為：最好等到價值型股票價格跌到合理價，但是三、五年甚至十多年都等不到怎辦？（可見散戶買股性質跟投資大師大不相同，但其精神值得學習）就算等到那時也不一定敢買，而且還指望股價能更低廉，所以理財不能只是空自「等待」機會，這樣容易無法隨時掌握「先機」。

　　我們生活開銷不論多寡，都不必錯過每年領取股息，這筆收入能夠跟隨終身，每一塊錢都能發揮最大效用，所以股利的影響，不容小覷。許多人這輩子因職業關係賺到不少錢，可惜在晚年並沒守住，無法享受永久富足，甚至動到抵押個人財產，此時若使用股票質押就發現技勝一籌，原因即在仍有固定股息以供應急。買股可採「定期定額」或「隨機購買」，其實利用股票理財是需長期不間斷投入資本，只要投資的那 10 檔股票任何一家在當季營收能比上季為高（持平也行），就可追加，每家公司獲利永遠處於

變動，反之按兵不動。

　　由於各類股均有布局，不致偏頗某類股，這即做好多元配置，風險已行管控，因此十分安全，股災來臨也能靈活調度，獲利仍可穩健均衡。比方有人只買塑化股，一旦石油價格崩跌，就容易全部受到牽連；又如英國金融股因新冠肺炎災情，2020 ～ 2021 年不配發股息，如果發生在台灣，而重心放在金融股的投資人又該如何因應？我們也清楚一家股票放得越久，只要每年除息後又可填息，事實上年年投報率是逐步提高，例如 6%、6.5%、7%……，這由歷年股利加總除以成本即知已非當年的 6%，持股時間越久股票張數也越多，很自然個人資產不斷增長，每年仍有實力再做下筆甚至多筆投資，它們都能即時反映複利繁衍的效果。

　　每家公司在市場表現、盈收獲利、配發股息、未來遠景、內部作為、企業文化等等方面會隨時有變化，也立刻牽動股價，因此想要精準掌握一家值得信賴又可長期持股

的公司實非易事。但我們利用之前所提選股策略進行篩選，然後靜觀其變，查閱它們每年表現及配息額度，再以「最新四季每股盈餘」輔以佐證，才來決定今年買股方向？也許每年投資僅只固定一家，或者出現多家能供選擇，不過均可買到那年度最強棒的「股票群」，當然該年度最強棒不代表以後也應如此，我們要好好把握機會，屆時收取一年股息或僅賺該年價差則自由決定，股票利潤無法預期，可以年年獲利就好，不必強求弄壞心情，來日方長，就算買股資本龐大也一體適用，這種投資我們稱之「**察顏觀色投資法**」。

因此鑑於職業的特殊性，收入變化劇烈缺乏安全感，可以先做預防性投資：例如選定 10 種以上績優股票，取決條件已在其他章節有詳細說明，試找尋每年配發股息 3 元（含）以上的公司，或買目前投報率能有 6%（含）以上股票（最好長期有此收益），必須在自己寬裕時立即購買，避免餘錢用光。也可等到「標的股」除權後再說，不過那已是另個買股時機，假如季報一直不錯就勇於跟進，只買

零股也行，有天化零爲整。購買多次後可適度做調節，不必全部賣掉，如果打算二、三十年都不予理會也無所謂，因爲理財重點放在領取股息，只要保證長期獲得固定金援。

4-3
投資股票對家庭的影響

> "
> 常言道「富不過三代」，實因守成不易，傳襲困難。
> 一個家庭的財富只要提早進入良性循環，其後代子孫順理
> 成章便可享有理財所帶來的福澤，並長期保有，而它的成
> 敗全看家庭。
> "

　　英國經濟學家凱因斯（John Maynard Keynes）曾經指
出：「決定家庭支出多寡的主要因素是所得」。一個家庭
外觀看似幾位家人同住一堂，他們實質隱含共築式經濟聯
結，每天打從清早未出門即有金錢壓力，舉凡三餐消費、
交通費、柴米油鹽醬醋茶及菜錢、孩子零用……。每月固
定開支：信用卡、房租、管理費、水電瓦斯、公勞農保費、
國健保費、電信費、安親班或補習費、長照費、交際費
用……。每年或半年需繳：學費、所得稅、房屋地價稅、
牌照燃料稅、各種保險費……。還有大項開銷：孝親費、

房貸、車貸、醫藥費、意外災害、出國旅行、房屋修繕，給孩子結婚購屋⋯⋯而這些花費將來只會增加。

既然家庭無法避免諸多開支，就必須有足夠收入來平衡開銷，如果還能結餘才考慮儲蓄及投資。計畫更遠像是：孩子將來深造、退休準備金、長期看護錢、環遊世界費用、意外災害急難自救、因應家庭變故，需要用錢的地方繁複（列舉花費實例，無非凸顯生活在現代實屬不易，有鑑於此更該廣開財源）。有些「三明治世代」，需三方兼顧（長輩、自家、晚輩）負擔沉重，全家若只依靠一人扛起重任更為辛苦。所以家庭在創始初期除具備長期穩定經濟來源，更應準備其他「補充收入」以預解燃眉之急，目前流行斜槓人生雖好，但非人人可以辦到，而且多為勞務所得，收入增加有限。

補充收入最理想的狀態是任何時候都能派上用場，它呈現的意義：強固家庭成員平安健康以及維護更好生活品質。只要家庭全員合力做好資產配置，而其中「存股領息」

可占重要比例。家庭運用股票理財優點在：每年獲取高於定存利息，也能兼得價差，若是長期累積到豐厚資本極具安全穩定的優勢，對於一般家庭不只友善，每月雙倍收入也容易取得。

以家庭角度來看股市投資，從近處講：它可以充實家庭財力；再遠點說：也正利用「滾存」累積財富，讓家庭日後高枕無憂；再以整體觀之：每個人一輩子在職場服務實質充滿變數，最不利處境是失業；最可怕遭遇是巨變，整個人生歷程任何狀況都可能發生，又有各種因素致使許多人無法順利退休（目前世界各國紛紛上調退休年限，有的超過 65 歲，在職時間長達四十三年），因此理財成敗對於家庭在經歷每個階段影響深遠（結婚、育兒、置產、退休、養老）。

值得注意的是，坊間有些人士為求快速致富，在投資初期即大膽使用融資（擴張信用），覺得這樣可讓家庭更早獲得保障，但使用高槓桿投資風險原本就大，容易短

時間碰上股災之類變化，導致融資商品「斷頭」，使得一生積蓄瞬間化為烏有，實非「常態性理財」，如此也失去安全投資真諦。再者投資有一觀念：累積財富應從現在的「我」即行開始，且須不間斷投資甚至連同子孫也能延續（團結力量大），如此財富累積才頗為可觀。

　　無論哪種方式理財多少會跟自己家庭背景、個人知識以及閱歷經驗有關，如果孩子不知理財（小孩零用錢及學費可依靠自己存股供應）、年輕人不懂投資（他們可以輕易取得雙份薪水）、年長者怨嘆經濟拮据（他們能同時擁有兩三份年金不發愁），這其實明顯暴露出個人的「理財缺陷」，能否導正亦未可知，易讓人生被貧窮困苦所束縛，更甚者還不斷形成複製，就如同富有也會在世代中遞延，可見貧富跡象其隱微徵兆是早已種下根源。

　　世間獲取財富者事實上多有所本，他們投資成功亦有「時代性」（每個時代各具特色，有的時代賺錢容易，有的偏重守成）。試想：未來僅僅依靠個人力量累積財富是

否越發困難？遭遇的變數像有：年輕人薪資不高、社會貧富差距大（無法取得原生家庭支援）、AI 人工智慧盛行、財富累積起步晚、通膨日益嚴重、少子化謀職機會少、自身職務專業不足、服務的職場穩定度低、職業跟興趣不合、職業遇到困境無法應變、個人有家庭或健康問題等。

由於資產累積須花極長時間才得以茁壯，財富能夠維持久遠則有賴世代同心，而家業傳承順利又需有健全教育（應及早增強孩子財商）及專業養成，我們希望自己的孩子可以具備：知節省、肯儲蓄、懂理財、勤好學、具遠見。但關鍵仍在家長個人身教，**若能「以身作則」，或許我們這輩子沒有「富爸爸」或「富媽媽」給與庇蔭和加持，不過這家庭可從我開始有個「富媽媽」或「富爸爸」。**

一個家庭的財富只要提早進入良性循環，順理成章其子女及子孫亦同時享有理財所帶來的福澤，並且得以長遠保有，而它的成敗全看家庭，常言道「富不過三代」實因守成不易，傳襲困難。

4-4
股票投資的社會價值

上市櫃公司每年釋出的股息，有助於刺激甚至帶動社會消費跟投資，迅速變為國家經濟的另一股龐大動能。所以，股息所代表的不只是社會廣泛的互賴互助，它更是促進經濟發展的「重資產」，是展現舉足輕重、多元充實的「新力量」。

西元 1602 年，荷蘭東印度公司成立，當時這家公司稱霸全球香料市場長達五十年，這段期間毛利[1]從未低於 300%，而公司所支付的股息異常厚實，持有股票的股東每年可獲取 27 ～ 40% 股利，連續時間有四十六年之久，如此利率可使 5,000 美元的投資，在四十六年後價值 25 億美金[2]。

該公司是全世界第一家跨國際性股份有限公司，世上第一間證交所也是由這家公司創立的，當時阿姆斯特丹一

地即認購此公司一半股權，這也成為世上最早投資股票理財的案例，足見投資契機及其形式可以左右社會經濟演進甚至產生內造跟連動的效應。話題轉回二十一世紀的今天，美國華爾街專家也勸告年輕人多買股票，專家擔心：年輕人不願買股不只對自身理財不利，對長期市場動能也非良事，投資股票的優勢在於股票能催生比債券或現金更高的利潤。

美國的大企業藍籌股自 1926 年以來其年複合報酬率達到 10%，也就是說：在 1926 年那時投入股市的一美元，到了 2014 年可以翻漲至 5,390 美元，此遠高於債券的 132 美元和現金的 21 美元。台灣金管會證期局 2016 年的統計：20 ～ 30 歲投資人參與台股的成交比重「僅 4.5%」（目前比例逐年增加）。因此從中外種種實例及數據跡象顯示：個人理財方式甚關乎財富累積的速度及品質，而社會富裕的程度又可以從人民對財富支配的存量可獲知端倪。

人們都清楚一個國家經濟穩固是社會安定的保證，也

是政治健全運作的基石，能夠找出減少社會貧富差距的有效辦法可說迫切需要，並且須能在實際推動上確實可行。於是強化國家內部中產階級人口比例成為每個國家目前極力追求的目標，那麼該如何實現人人在社會中不只經濟方面可以獨立甚至還可以獲得安樂富足的生活？

這問題則需從全球多樣性經濟發展軌跡上找尋答案。當然累積財富純是百姓的個人行為，應該憑藉自己力量自發去完成，但是社會可以營造出一個有利「眾贏」的環境來做為個人「累積財富」的基礎。就拿台灣近年為例，台灣自 2010 ～ 2019 這十年間上市櫃公司配發現金股利整體配發金額超過 10 兆元新台幣，可說是吸引外資及法人 [3] 機構加碼的誘因。

台灣已有越來越多百姓趨向理性而務實的理財，他們將領取股息列為買股優先考慮的條件，並且蔚為風氣跟潮流，如此不僅讓民眾長期享有穩定的資本利得，也連帶改變上市櫃公司老闆的思維：一家公司的存續不僅只求獲取

更多利潤，或是希望擴大經營，亦應該負起社會均富的責任，因為，社會上所有的公司其成員及股東均為社會大眾的一員，公司每年能夠將部分盈餘股利回饋給員工和股東，這不只對他們個人乃至社會大眾，都留有極大複合效益。那些每年從各家公司所釋出的股息，可以直接刺激甚至間接帶動社會消費跟投資，迅速變為國家經濟另股龐大新動能。

　　所以，股息所代表的不僅僅是社會廣泛互賴互助、促進經濟發展的「重資產」，它更是展現舉足輕重、多元充實的「新力量」，而這些隱含的價值，實已超越股利表面單純只被認定為是一家公司的盈餘利潤而已。

---

1. 毛利：「營業收入」減「營業成本」。
2. 資料取自《種子的勝利》Thor Hanson 著。
3. 法人：法律把人分為兩種，一是自然人、另一是法人，公司、營利組織機構，法律上賦予權力的團體，就是法人。台灣股票市場的三大法人，指的是將用法人機構投資的人，它們分成外資、投信、自營商三大類。

4-5
投資台股須知二三事

"
股市少有顛撲不破的祕訣，坊間頗多書報雜誌介紹相關資訊及產品，就怕投資人反覆嘗試，仍然毫無頭緒。事後發現就是「時機」問題，即是使用的人太多或是花樣萬變，不知如何入手？
"

　　股票市場不少獲利規則，若使用人數多就易失靈。股市少有顛撲不破的祕訣，例如股市出現一些投資手法不是現正被少數人拿來運作，就是方法不斷更改「求新求變」（這也間接承認之前有錯，一直在做修正），坊間頗多書報雜誌介紹相關資訊及產品，就怕投資人反覆嘗試，仍無頭緒。事後發現：除是「時機」問題，即因使用的人太多或花樣萬變不知如何入手？

　　台股上市櫃或興櫃公司若股本不大，易因搶短致大起大落，那也僅落少部分人的天下。這意謂：參與的大部分

人易賠錢，所以動作需敏捷，消息要靈通，隨時須盯盤，並不適合一般投資大眾，而股本小的公司也容易被狙擊或被操控，投資人和公司負責人均須小心謹慎。

所有股票以前的表現不等於將來有相同結果。一家公司若十年來表現優異，不代表未來十年也該傑出，只能解釋：它未來十年出狀況機率小，以前紀錄帶來的信譽和習性或可繼續維持，但無法保證將來一定有相同樂觀結果（這也是何以極力主張多買幾家股票投資的原因）。

我們應該把握現有賺來金錢它目前存在「短暫又貴重」的價值。每塊錢在時間上均留有極短的「珍貴」印記，越早善用這些「時間價值」，所獲利益就越為可觀，如今唯一要做就是趕緊「抓住」。特別是有不少人短時間賺錢豐碩，更該積極安排金錢去處，而非最後徒嘆「想當年……」。

既然台股屬於淺碟型，就易受到人為干預，持股時間拉長對散戶非常有利。大多數台灣公司股本無法跟外國規

模相比，有心人只需少許成交量就能達到目的，公司經營及財務狀況又難掌握，這會讓散戶投資人深怕落得幫人拉抬，只方便他人「賺錢」。

進出股市頻繁，賠錢機率高，投下資金殘酷歸零，道理簡單明瞭，但仍常有人因此賠本，而且屢見不鮮。每次繳交稅金和手續費乍看少許，不覺痛癢即輕忽成本，警覺心自然降低，三、五年後花掉巨額本金而不自知。試想：這些花費省下也算另類理財，足見長期投資好處多，成功率更高。

可多加善用每年配發的股票股利。有的公司喜歡年年配股，一次 0.5 ～ 1 元不等，這會吸引投資人想做長期投資，若當時這家公司股本尚小，快則十年投資人持股就能翻倍，二十年就變 4 倍，有的原始股東已翻成 8 倍、16 倍、32 倍……。但問題是公司股本不斷膨脹，獲利已被稀釋（國際間許多國家不流行配發股票），這即為人們常說「印股票換鈔票」，導致股價上漲困難，最後只能減資。長期配

發股票對年輕人有利，但對年長者或需錢孔急的人就應考慮換取現金，可以拿去補貼生活或返還債務，不需在乎「配股會再以複利配股」，況且「配股」留存太久風險亦高，一切要看這家公司遠景而定。

進行一項投資若是它的交易成本過大或隱藏性風險過高，就該提防「負和遊戲[1]」或「零和遊戲」的發生。也就是說：能賺到利潤的機率變小，賭博成份居多，一再重複那麼勝算更低，若能事先防範當可永保安康。

如果一個人買股與賣股的間隔時間延長，而多數人也這樣做，那麼大家都會成為贏家，不只是「多贏」，還是「都贏」。長期持股人人可以獲利，所以買股側重「領取股息」是明智之舉。

「股市操作以短線為主」既然這樣容易賺到別人的錢，相對別人也容易賺到你的錢。如果買股是做長期投資，則前述風險即可降低甚至避免，意思就是：我們多半在賺得時間的錢，當然也會賺到少許他人的錢（早買人賺到晚

買人的錢），因此越早買股對自己越是有利。

　　人人賣股總想賣到最高價，但最高價無法預測，而且它具稀有性（瞬間高檔的股票張數不多），就演變成只有少數人可以如願，這等同於中獎。賣股最佳時機應為投資人遇有「重要用途」時，賣股即使賣在最高點，但那筆錢如果沒有更高價值的利用，其實賣股是什麼價格已沒多大意義。

　　投資台股若使用存股方式，其獲利表現超過 1 倍以上者，平均花費七～十年，除非遇見大空頭。年輕人沒有雄厚資金又沒提早做好退休準備，即容易冀望高風險投資，然而現實是殘酷的，做高風險投資又想短時間獲取暴利以追趕退休進度其成功率極低，特別是資金越少的人越想快速致富，就越容易掉入賠錢陷阱，很遺憾資金越少者越沒虧損的本錢。

　　使用股票去做存股，事實上對於股息及價差均應在乎取得，因為「補充收入」和「合理增值」二者必須兼備，

這點非常重要，但它們是有先後順序，我們優先具有穩定股息再來談價差才是符合期待又安全的做法，這也是何以存股理財並不鼓勵完全都買大牛股、金融股的原因。

---

1. 「正和遊戲」是指參加遊戲或投資的人大多會是贏家；「負和遊戲」是指參加賽局者會輸的人佔多數。

4-6
華倫・巴菲特的故事

> 股神成功的兩大要素：
> 1. 持續尋找本益比低、低波動性，獲利成長速度比一般平均快的股票。
> 2. 再以融資方式購買上述股票。

2022 年 3 月華倫・巴菲特（Warren Buffett）旗下 Berkshire Hathaway（波克夏）A 股的價格首度突破 50 萬美金，這也是美國股市目前甚至史上最貴的股票。巴菲特是從 1962 年 12 月起，以每股 7.5 美金，買入波克夏股票（該家紡織公司當時身處困境，1964 年巴菲特接管此公司時，股價只有 11 美元）。若以巴菲特入主這家公司時股價 11 美元計，該股五十八年間已漲了超過 4.5 萬倍。

巴菲特自小立志賺大錢，5 歲在祖父的雜貨店擺攤賣

口香糖（從商經驗早），11 歲參觀紐約證券交易所（父親是國會議員），當時高盛董事長親自接待。他第一次買股是 12 歲，那時巴菲特已存有 120 美金，他跟姊姊每人各買「城市服務優先股」3 股，當時價格 38.25 美元，因為沒耐性，漲到 40 美元即行出脫，但沒多久這家公司股票漲到每股 202 美元。經驗告訴他：買股之後不要老想著買進時的價格，不應只是小賺就心滿意足。巴菲特 14 歲開始申報所得稅，把手錶、單車等物品當做營業費用，由所得中扣除，因此只繳了 7 美元。15 歲靠著送報及其他外快，存款已超過 2,000 美金（當時他的收入比學校老師還高），他買了 40 畝農地花了 1,200 美元，把田地租給農人，兩人平分收成，讀大學時將農地再以 2,400 美元賣出。

31 歲以前他做了些生意跟投資，就在那年即擁有人生第一桶百萬美金，巴菲特更在 37 歲時成為千萬富翁，43 歲時買進華盛頓郵報持有 33 年，讓資本翻漲 127 倍，而他 99% 財富是 50 歲以後賺得的。52 歲那年已有上億資產，66 歲時身價來到 170 億美元，2008 年（78 歲）在全球富

豪榜排名第一，而且連續八年，85 歲時資產已超過 670 億美金。巴菲特十分認同並引述美國鋼鐵大王安德魯·卡內基（Andrew Carnegie）的名言「一個有錢人如果到死時還是很有錢，那是一件不光彩的事」，所以他承諾將來捐出99% 的財產供做慈善事業。

巴菲特向以長期投資價值型股票以及力行簡樸生活著稱，即使年紀九十多歲照常去波克夏上班，年薪 10 萬美金，仍舊車還是住在 1958 年時買的房子，他喜歡故鄉奧馬哈（Omaha）的生活。而給買股新手的建議是：「大量閱讀」。看書是人生最划算的投資，一本書作者花了許多年甚至一生時間所得來的體會，你只需用一點點錢，花幾天工夫就得到作者畢生的精華，閱讀會讓人有很多靈感及想法，可以少走許多冤枉路。

巴菲特曾說：「我什麼都讀，企業年報、傳記、歷史書，每天看五份報紙，在飛機上我會讀椅背後的安全指南，閱讀很重要，這麼多年，是閱讀讓我致富的。」他一生儉樸，

重視朋友，喜歡工作，熱愛數字跟資料。面對複雜的事情，巴菲特喜歡用最簡單的方式處理，投資上他選擇長期持有股票。

他認為：

「小錢滾成大錢，需要時間，時間長，效果好」

「別人大膽買股你要小心，在別人小心時你要大膽」

「好的投資機會值得等待」

「若是會理財，年紀越小，成功率越高」

「如果你不犯錯，就沒有辦法做出決定」

「人生理財像滾雪球，重要是要找到溼的雪和長長的山坡」

「只投資自己了解的企業」

「無法決定手中資金往哪去？最佳投資標的就是自己。」

「買賣股票別跟著新聞起伏」

「只要選定優質股，長線投資策略下，並不需要太在

意進場時間。」

「投資股票最佳方式，其實是持續買進」

「如果你不打算持有這檔股票十年，那根本連十分鐘都不該持有」

「最好是在買進股票後，根本就忘記這檔股票的存在，這才是創造最佳收益的祕訣。」

2013 年美國國家經濟研究局（NBER）發表一篇報告，研究分析巴菲特自 1964 年買下紡織公司波克夏哈薩威（Berkshire Hathaway）近五十年來投資紀錄，歸納出他成功的兩項因素：

1. 專注在品質優良、安全、便宜的股票，尋找本益比低、低波動性，獲利成長速度比一般平均快的股票。

2. 以融資方式購買上述股票。其投資組合中有 60% 為融資買進，即擁有價值 100 美金的資產，等於持有 160 美金的投資（可見在股市投資最重要是找到適合自己的）。

4-7
具備「國際觀」的投資理財

> 只要全球多數基金積極主動，樂於找尋可對世界永續經營
> 具有貢獻之公司，並以實際行動對他們給與支持和肯定，
> 這就等同帶給世界全員保障跟維護。

　　貧富不均始終是世界各地非常重視的議題，不少經濟
學者認為目前財富多集中在前百分之十甚至更少人口，有
的建議對富人課以重稅，或鼓勵他們樂於捐助；也有建議
可以擴大公共建設，或者增加更多社會福利，然而能夠及
時增加人民自有財力也是很重要的選項。國際間不只留存
嚴重貧富不均，全球矚目災難危害各國百姓，像是貧窮、
戰爭、饑荒、文盲、地球暖化、傳染疾病、各類汙染、種
族不睦、歷史仇恨、難民問題、宗教誤解、教育不普及、
各國經貿不暢、全球環保意識不彰、意識形態不利國家發

展⋯⋯。

　以上種種成因尤以戰爭最具破壞力也最為棘手，可謂一旦發生即萬劫不復永無休止，幾乎摧毀相關國家既有經濟及建設，最悲慘莫過人民，戰爭造成無數百姓貧病悲苦，幸存者無以為繼流離失所，最後演變為國際事件。同理可知：這些深陷災難的人民雖思奮起卻欲振乏力，情勢惡化導致更嚴重的貧困，而貧窮又複製出更多衝突及戰爭，最終苦果仍由全世界共同承擔。

　試想：物資匱乏衍生極度窮苦，連生存都成問題，談何投資？哪來財富？因此，如果世界均富人口得以日益增加，諸多難題實利於緩解，包括：人權、環保、政治、經濟、教育、衛生、治安、文化等等，那麼有無明確可行的人民均富之道？例如廣泛提升人民教育水準、增加全球百姓投資意願、減少世界性投資陷阱、各國建立優良投資環境、投資傾向國際化整合、各國互助互信互諒、世界維持長久和平、合力克服全球災害、各國菁英返鄉效力、世界富人

樂於參與建設……。

　　既然全球視同一體，基於享有權利無人自外，承擔責任應為一致，在解決各項危機同時，消除各地貧窮實列首要，國家所以窮困它們各有難處跟癥結：或因內戰、或是饑荒、或為資源貧乏、或意識形態禁錮、或國家經濟無法升級、或發達國家多關注本身利益、或落後國家脫貧自覺應寄望他國……。

　　歷史告訴我們：一個國家得以成功轉型實賴自發，因為自家問題仍需倚仗自己解決，因之唯有國家主事者或內部具影響力人士展現同理心解救自己人民於貧窮，讓無私遠見凝成共識，如此才是走出國家貧窮之路。貧苦地區人民極思脫貧，憑己之力有心改變，加以國內有志者願做制度變革，共創眾贏齊享利益，先有自立才易得他助。國人合力形成氣候，輔以他國支持，消弭窮困指日可見，**畢竟期望自身富足遠離貧窮應先出於自己之手**，那麼主動做好個人理財不也與之有異曲同工？

另見全球許多財富充裕國家，以及世界各地頗具規模的公私營企業，他們多半擁有巨額資本，同理也希望所持資金能夠衍生更多利潤，像是不少國家的主權基金、退休基金或擁有各種功能的私募基金，或商業型投資基金等等，他們時常將龐大資金委託國際性 ETF 投資管理機構代操，以便尋求「利益極大化」。

　　造成某些 ETF 投資管理公司為追求最大績效而使用卑劣手段或挹注不良公司，無視投資標的是否符合世界人權及道德、地球長遠維護與發展、確實具備 ESG 功能 [1]（環保、社會責任、財務健全、永續經營）等種種影響深遠之標準，以致表面看似投資興旺績效卓著，然而實質正對全球做出無法彌補的傷害。世界各個基金組織可以自行建立專責篩選投資部門，本身積極投入研究理財業務，無需要假他人之手，如此不只省下巨額開銷，也無異發揮影響力來導正國際間投資的不良風氣，間接對世界安全凝聚整體向心力。況且深信自行操作事實績效不差，投資標的可以擺在**世界各國每年配發股息的優良公司，並且還是長期績**

效卓越的藍籌股。

只要全球多數基金積極主動，樂於找尋可對世界永續
經營具有貢獻之公司，並以實際行動對他們給與支持和肯
定，這就等同帶給世界全員保障跟維護。如此不僅自己可
以興盛茁壯亦能扶助千萬人，趨使眾生朝向健康安樂去發
展，非徒見弊病卻無計可施。

---

1. ESG：E 是指 Environment 環境；S 是指 Social 社會責任；G 是指 Governance
公司治理。例如：以有 ESG 為概念的 ETF 其強調篩選公司的標準是能夠朝
向環保、社會責任、財務健全、永續經營等方面發展的公司。

4-8
政府責任與歷史商機

"
鼓勵企業發放股息，最大的作用在於讓人民擁有累積財富
的機會，有效緩解實質上的貧富差距，也算是對貧富不均
做出正面且積極的貢獻。
"

　　美國某位投資理財大師曾經表示，他之所以富有實歸
因美國長期處於安定和平，如此才容易積累財富，這話雖
是謙虛之詞但也說得極為中肯。縱觀美國歷史不只一、二
次世界大戰未波及本土，還在當時長期扮演支援及協助其
他國家的角色。又以內戰而言，更是除南北戰爭就沒再發
生過，這即給與美國絕佳富強優勢，所以近代一路造就無
數大企業家大資本家。

　　反觀中國就沒這麼幸運，自清末以降，先後遭受列強
瓜分、革命起義、軍閥割據、中日戰爭、國共內戰、兩岸

分治（目前彼此理念分歧暫時無法和諧），中美兩國在近代史上的際遇可謂相差甚遠，中國人民比較辛苦。就現實深層來看，每個國家不論體制走向資本主義、社會主義、或者共產主義，他們多少會給與人民在「經濟自主」上有一定承諾及優遇，這就促成各國演變為今天的面貌，並且繼續蛻變中。

每個國家都將貧富不均列為急待解決優先選項，也因為各國均有他們自己的特殊背景及難題，致使各國甚至全世界經濟學家苦思對策，分別建議：富人加稅、扶持窮人、創造優良投資環境、做好社會扶助、調降人民稅賦、排除經濟發展障礙、根絕國家積久沉痾、跳脫僵固貧窮意識窠臼……。

然而若是可從透過人民自行努力，不需過度依賴救濟以避免增加政府負擔，也藉由改善制度面，增強人民理財動機致使樂於主動脫貧。也就是說：人民能夠使用自有資產去做投資並且獨立獲取該得利潤，政府只需依其體制基

於保障人民財產安全而給與他們在累積財富及市場流暢上的便利，讓多數人民可以有機會成為資本家。

政府角色即放在「為民興利」，而就實質觀察每個國家都具有本身最基本的歷史商機（只要抓住國家各別優勢），而那些有形無形的資產，可以被完整保留或善加利用（像是運用地緣、民族、文化、社會制度所發展出具多元特色者，比方觀光旅遊、各國擅長事業），但是至今何以國與國的水準相差懸殊？實因與他們的財務運作、教育水準、社會風尚、政治穩定以及人民投資意願有關。

因此，政府在政策及法律面能給與人民一定程度獎助，特別像是許多在股市做長期投資的大眾，他們隱然成為國家經濟安定的重要支柱。

試想，上市櫃公司每年若將淨利 50% 以上回饋給股民（股利所得若政府合理優惠百姓，這也算「藏富於民」），其餘淨利則由公司用於研發或再投資，而這大筆股利每年再進入國內經濟循環體系，如此不論對百姓各自解困或政

府增加稅收均有莫大助益。

　　鼓勵各公司將股息發放到民間，最大作用在於讓人民輕易擁有積累財富的機會，這才容易緩解實質的貧富差距，也可算是對貧富不均做出正面而積極的貢獻。而財富貧乏的百姓因為樂意主動理財，再經由深化動機即能輕易發憤圖強，這就如同遇見許多人民落入貧窮陷阱，此時要做該是多放梯子，以利窮苦百姓抓住機會自行脫困，最難能可貴完全依靠自己力量，並非找得多人將他們揹出陷阱。也就是政府若對貧民採取「無激勵性補助」（此屬人民被動脫貧），這跟政府積極改善投資環境讓人民利於均富其在意義及實作上是有極大差別。如此不僅展現政府卓越成就，更樂見百姓善用自己優勢來挽回財務頹勢，可謂「互蒙其利」。

　　近年在台灣（世界各地均有類似情況），政府已完成或正打算施行一系列財政改革，已實施像有「軍公教年金改革」就讓不少相關人士憂心；再加以「勞保年金」也將

入不敷出面臨破產；「全民健保」雖辦出色世界稱羨，也瀕於「潰堤」。另外台灣有些地方政府財政窘迫，亦可在財務規劃上利用「股票利息」來做因應，不需年年將股利5,000億元拱手讓人，十年下來送掉5兆元新台幣。有人會問：一個民主國家怎可立法強制民營企業訂定配發股息比例？

事實上，許多國家都已自動晉升高配息率之列，這也並非政府強制所致，而是民間無數投資人士自發自覺，極度驚訝每年固定獲取可觀股息，對於他們在生活規劃以及事業穩定上，具有不容忽視的份量，特別在不確定性日增的年代，大多期盼自己的人生可以享有更多快樂及富足。

換句話說，此種**穩當尋求股利的風氣實已吹向全球，不論民間或家庭甚至社會都蔚為風行**，而且這個趨勢銳不可擋。比如目前世界上許多國家的股息配發率，每年都在不斷增加，這就是一個很明顯的證明。

【後記】

　　閱讀完本書後期盼能對讀者在實質理財上有所幫助，書中應用不同視野闡明「人人可以輕鬆理財，而立志投資必須成功才是正途」。即便每人理財出發時程不同、立基點相異、動機多樣、涉獵金融知識深廣不一，但仍可以達到相同效果「財務自由」，關鍵只在做與不做，還有該「怎做」？讀者兼顧需求參考此書，若順利達成「長期獲利」並且確實享有經濟充裕，對筆者來說亦備感榮焉，這也是筆者最大的心願，更殷盼拋磚引玉，讓各界人士樂將個人理財經驗踴躍分享。我們投資無論採用何種方式均有優缺點，而且差之毫釐失以千里，及時改正是悟性；真實享有是智慧，然而身體力行才算敲開財富大門，這點別人沒法幫忙。

　　「理財 Easy 學」顧名思義是力求讓投資能夠簡單化，採取近乎樹懶行動即可完成。甚至做到：股價漲也高興，

股市跌也歡喜，完全沒有壓力，充分保有富足人生，這亦是本書寫作出版的座右銘。最後結語：股票是隨時可以購買，不需套用任何公式，容易上手才算高策，本身須具主導性，對自己要有信心，落實一定保本，每年務必擁有「額外收入」，如此我們人人都可以高興聰明得去理財。

本書得以完成非常感謝各方傳播媒體給與筆者靈感，也真誠感激諸多學者專家他們提出的看法帶給筆者的啟發。寫書動機純屬偶然，無非想以「利他」觀點陳述投資理財，至於內容或有疏漏或見誤謬或欠周延，敬請各界賢達專家不吝指正。最後同時也感謝王俊賢先生對筆者在股市資訊的提供和建議，以及宋勇夫先生給與筆者的啟示與鼓勵，也謝謝家人的支持及協助，殷盼書籍出版之後，將來有機會能夠答謝更多各方人士。

如果讀者閱讀之餘不吝提供寶貴意見致使本書可以皆臻健全，筆者亦竭誠感念真摯歡迎，在此先敬上萬分謝忱。

【附錄 1- 專有名詞索引】

★ 毛利：「營業收入」減「營業成本」。

★ 毛利率：「營收」減「成本/營收」。

★ 營業利益：「營收」減「成本」減「營業費用」。

★ 本益比（P／E）：即「股價收益比」，每股市價/每股盈餘，以倍數計算。例如：10 倍就是以這樣的本益比買進 10 年後可以回本。

★ 每股盈餘（EPS）：稅後年淨利/已售出股數。

★ 股東權益報酬率（ROE）：稅後盈餘（淨利）/股東權益。

★ 股東權益：「股本」加「保留盈餘」加「資本公積」。

★ 公司資產：「負債」加「股東權益」。

★ 資產報酬率（ROA）：即 ROE 乘以「自有資本率」又稱「股息收益比」。公司把盈利派發給股東做利益，股息/股價，如： 5／50 等於 10%，觀察此項公式比較準確，該比率越高，表示公司整體資產報酬運用的效率越高。

★ 本益成長比（PEG）：本益比／ EPS 成長率，將本益比加入成長概念，可避免本益比低，但成長有限，落進不會漲的窘況。 PEG 越低越好，若本益比低，且 EPS 成長率高，股價自然欲小不易。

★ 大戶：是指投入市場資金雄厚，對股票漲跌有一定影響力者，又可分「千張大戶」、「三大法人」。

★ 三大法人：代表外資、投信、自營商。

★ 散戶：此為「一般投資人」的俗稱，特指持股小於 400 張的單一投資人，像台灣散戶佔比約為 70% 左右。

★ 業內：意指全職做股票交易的投資人。

★ 現金流：指目前可運用的現金數量，所有權不一定屬於自己，不過你可以隨意支配。像是：鑽石、黃金存放百年也不會帶來 現金流（但能保值），而汽車只會折舊。

★ ETF（Exchange-Traded funds 縮寫 指數股票型證券投資信託基金）即一籃子股票合購。例如：台灣 50（0050）、元大高股息（0056）。購買 ETF 的缺點是：經理費、保管費、管理費用高，每年 0.355 ～ 3%，持有越久，

扣款越重，有的國內基金打算仿效國外再收取「績效費」。最重要是：ETF 並非穩賺不賠的商品，仍然會有風險。

★ 台灣 50：是台灣最大的 ETF，全名為「元大寶來台灣卓越 50 基金」，簡稱「台灣 50」（代號 0050），在台灣證券交易所稱之為：台灣 50 指數成分股票。目前管理費是 0.42％（2019 年）。

★ 大型股：是指公司股票市值在 100 億元以上者；「超大型股」：指公司股票市值超過 1,000 億元者；「中型股」：指公司股市值在 20 ～ 100 億元者；「小型股」：指公司股票市值在 20 億元以下者。

★ 七二法則：若每年投資報酬率有 10％，在 7.272 年資本獲利成長可以翻倍。

★ 零成本：意指投資的本金在經過多年以後，它所獲得利潤等同於原來投資的金額，若原資本仍繼續使用在投資上，此時投資已無虧損壓力者稱之。但有說法認為並沒這名詞，因為等待時間也應算入成本。

★ 周轉率：即該家股票的換手率。這也適用於 ETF，因為 ETF 每年均須對所買賣投資標的做換手（週轉頻率有高有低）及調節（例如遇到客戶贖回）動作，而所用到的成本必須由全體客戶共同來分攤，因此 ETF 每年必須向客戶收取管理費用外，並且還要加收人事成本（經理費）。

★ 藍籌股（blue–chip stocks）：即等同台灣的權值股、績優股，是指在一行業中具有重要地位，業績優異知名度高，市值也大，公司經營可得信賴，營收獲利長期不錯，每年均可配發豐厚利息的優良公司。

★ 淨值：是指一家公司的資產在扣除負債後，所得到的實際資產價值，又稱為「資產淨值」。例如：淨值 1 元即指每股可分到 1 元的現金資產，當在公司結束營業的時候。

★ 中實戶：是指投資的經驗及金額介於散戶和大戶之間，進出股市傾向於有計畫性與有策略性的人。

★ 定存股：公司經營穩定，每年都可配發較高股利還能順

利填息，由於是長期持有而且年年可以領得現金，就如同將資金放入銀行做「定期存款」。

★ ESG：E 是指 Environment 環境；S 是指 Social 社會責任；G 是指 Governance 公司治理。例如：以有 ESG 為概念的 ETF 其強調篩選公司的標準是能夠朝向環保、社會責任、財務健全、永續經營等方面發展的公司。

★ 正和遊戲：參加遊戲或投資的人大多會是贏家。而「負和遊戲」是指參加賽局者會輸的人佔多數；「零和遊戲」則是指遊戲或投資者雙方對賭，最後只有一方是贏家，另一方就必成輸家。所以投資如果變成投機或賭博，那麼負和遊戲及零和遊戲就隨時會發生。

★ 台股投資人結構：（一）公司內部人士、（二）外資法人、（三）投信法人、（四）自營商、（五）自然人大戶、（六）自然人小戶：即散戶。

★ MSCI 指 數：（Morgan Stanley Capital International Index）由摩根史丹利資本國際公司（又稱明晟，即大摩）所編纂涵蓋全世界的股票指數，其為大摩公司全球

化布局投資的依據，也是世界各地專業投資機構規畫投資時重要的參考方向。

★ KD 指標：為美國的喬治‧連（George C.Lane）於 1957 年所原創，又稱隨機指標（stochastic oscillator）。K 值是指快速平均值，D 值即為慢速平均值，當 K 值大於 D 值，即表示在漲勢，若 K 值小於 D 值就代表在跌勢。數值在 50 是多空交戰，大於 50 表示股價站在多方，小於 50 則股價處於空方。KD 黃金交叉：當 K 值由下往上突破 D 值時，建議做多個股；KD 死亡交叉：當 K 值由上向下跌破 D 值時，則建議做空股票。

【附錄 2- 各類成分股檢索】

以下為台灣重要投資標的成分股

（選樣至 2023 年 7 月止，以下皆同；資料隨時會有變動，僅供參考。）

★ 台灣 50（0050）

（1101）台泥、（1216）統一、（1301）台塑、（1303）南亞、（1326）台化、（1402）遠東新、（1590）亞德客 -KY、（1605）華新、（2002）中鋼、（2207）和泰車、（2227）裕日車、（2303）聯電、（2308）台達電、（2317）鴻海、（2327）國巨、（2330）台積電、（2352）佳世達、（2357）華碩、（2379）瑞昱、（2382）廣達、（2395）研華、（2408）南亞科、（2412）中華電、（2454）聯發科、（2603）長榮、（2609）陽明、（2610）華航、（2615）萬海、（2801）彰銀、（2880）華南金、（2881）富邦金、（2882）國泰金、（2883）開發金、（2884）玉山金、（2885）元大金、（2886）

兆豐金、（2887）台新金、（2890）永豐金、（2891）中
信金、（2892）第一金、（2912）統一超、（3008）大立光、
（3034）聯詠、（3037）欣興、（3045）台灣大、（3711）
日月光投控、（4904）遠傳、（5871）中租-KY、（5876）
上海商銀、（5880）合庫金、（6415）矽力*-KY、（6505）
台塑化、（9910）豐泰

★ 高股息 ETF（0056）

（1102）亞泥、（1301）台塑、（1303）南亞、（1402）
遠東新、（1802）台玻、（2006）東和鋼鐵、（2015）豐興、
（2027）大成鋼、（2301）光寶科、（2303）聯電、（2312）
金寶、（2317）鴻海、（2324）仁寶、（2337）旺宏、（2347）
聯強、（2356）英業達、（2357）華碩、（2376）技嘉（2377）
微星、（2379）瑞昱、（2382）廣達、（2383）台光電、
（2385）群光、（2409）友達、（2449）京元電子、（2454）
聯發科、（2474）可成、（2542）興富發、（2603）長榮、
（2606）裕民、（2637）慧洋-KY、（2809）京城銀、（2885）

元大金、（2890）永豐金、（2891）中信金、（2915）潤泰全、（3017）奇鋐、（3034）聯詠、（3036）文曄、（3044）健鼎、（3189）景碩、（3231）緯創、（3665）貿聯-KY、（3702）大聯大、（3711）日月光投控、（4938）和碩、（4958）臻鼎-KY、（5522）遠雄、（6176）瑞儀、（6239）力成、（6271）同欣電、（8046）南電

★ 台灣中型 100

（1102）亞泥、（1210）大成、（1216）統一、（1227）佳格、（1229）聯華投控、（1314）中石化、（1434）福懋、（1451）年興、（1476）儒鴻、（1477）聚陽、（1504）東元、（1560）中砂、（1717）長興、（1718）中纖、（1722）台肥、（1795）美時、（1802）台玻、（1907）永豐餘、（2006）東和鋼鐵、（2014）中鴻、（2027）大成鋼、（2049）上銀、（2059）川湖、（2105）正新、（2201）裕隆、（2207）和泰車、（2301）光寶科、（2312）金寶、（2313）華通、（2324）仁寶、（2337）旺宏、（2344）華邦電、（2347）聯強、

（2352）佳世達、（2353）宏碁、（2354）鴻準、（2356）英業達、（2360）致茂、（2368）金像電、（2371）大同、（2376）技嘉、（2377）微星、（2385）群光、（2409）友達、（2449）京元電子、（2474）可成、（2478）大毅、（2492）華新科、（2498）宏達電、（2542）興富發、（2606）裕民、（2610）華航、（2618）長榮航、（2633）台灣高鐵、（2637）慧洋 -KY、（2809）京城銀、（2812）台中銀、（2834）台企銀、（2838）聯邦銀、（2845）遠東銀、（2888）新光金、（2889）國票金、（2912）統一超、（2915）潤泰全、（3017）奇鋐、（3023）信邦、（3035）智原、（3036）文曄（3044）健鼎、（3051）力特、（3189）景碩、（3231）緯創、（3406）玉晶光、（3443）創意、（3481）群創、（3532）台勝科、（3533）嘉澤、（3653）健策、（3661）世芯 -KY、（3665）貿聯 -KY、（3702）大聯大、（3714）富采、（4137）麗豐 -KY、（4919）新唐、（4938）和碩、（4958）臻鼎 -KY、（5269）祥碩、（5522）遠雄、（6005）群益證、（6176）瑞儀、（6239）力成、（6409）旭隼、

（6531）愛普＊、（6550）北極星藥業-KY、（6592）和潤企業、（6669）緯穎、（6770）力積電、（6781）AES-KY、（6789）釆鈺、（8046）南電、（8454）富邦媒、（9904）寶成、（9914）美利達、（9917）中保科、（9921）巨大、（9941）裕融、（9945）潤泰新

★ 台灣高薪 100

（1102）亞泥、（1216）統一、（1301）台塑、（1303）南亞、（1326）台化、（1477）聚陽、（1722）台肥、（2002）中鋼、（2013）中鋼構、（2014）中鴻、（2103）台橡、（2204）中華、（2207）和泰車、（2301）光寶科、（2303）聯電、（2308）台達電、（2312）金寶、（2317）鴻海、（2324）仁寶、（2330）台積電、（2337）旺宏、（2344）華邦電、（2352）佳世達、（2353）宏碁、（2354）鴻準、（2357）華碩、（2362）藍天、（2376）技嘉、（2377）微星、（2379）瑞昱、（2382）廣達、（2385）群光、（2388）威盛、（2392）正崴、（2395）研華、（2404）漢唐（2408）南亞科、（2409）

友達、（2412）中華電、（2454）聯發科、（2458）義隆、（2603）長榮、（2609）陽明、（2610）華航、（2615）萬海、（2618）長榮航、（2801）彰銀、（2812）台中銀、（2834）台企銀、（2836）高雄銀、（2845）遠東銀、（2855）統一證、（2880）華南金、（2881）富邦金（2882）國泰金、（2883）開發金、（2884）玉山金、（2885）元大金、（2886）兆豐金、（2887）台新金、（2889）國票金、（2890）永豐金、（2891）中信金、（2892）第一金、（2897）王道銀行、（3005）神基、（3006）晶豪科、（3008）大立光、（3010）華立、（3014）聯陽、（3033）威健、（3034）聯詠、（3035）智原、（3036）文曄、（3231）緯創、（3443）創意、（3592）瑞鼎、（3596）智易、（3702）大聯大、（4915）致伸、（4919）新唐、（4938）和碩、（5434）崇越、（5876）上海商銀、（5880）合庫金、（6166）凌華、（6176）瑞儀、（6196）帆宣、（6202）盛群、（6277）宏正、（6412）群電、（6505）台塑化、（6669）緯穎、（6770）力積電、（8016）矽創、（8163）達方、（8213）志超、（9910）豐泰、（9933）中鼎、（9940）信義

★ 台灣富櫃 50

（1565）精華、（1785）光洋科、（3105）穩懋、（3152）璟德、（3218）大學光、（3227）原相、（3228）金麗科、（3260）威剛、（3264）欣銓、（3293）鈊象、（3324）雙鴻、（3374）精材、（3529）力旺、（3680）家登、（3707）漢磊、（4105）東洋、（4123）晟德、（4128）中天、（4162）智擎、（4736）泰博、（4743）合一、（4966）譜瑞-KY、（5009）榮剛、（5274）信驊、（5289）宜鼎、（5347）世界、（5351）鈺創、（5371）中光電、（5425）台半、（5483）中美晶、（6121）新普、（6147）頎邦、（6182）合晶、（6274）台燿、（6279）胡連、（6469）大樹、（6472）保瑞、（6488）環球晶、（6510）精測、（6548）長科＊、（6643）M31、（6712）長聖、（6732）昇佳電子、（6741）91APP＊-KY、（8069）元太、（8086）宏捷科、（8255）朋程、（8299）群聯、（8415）大國鋼、（8436）大江

識財經 44

理財 EASY 學｜時間複利＋選股策略的雙重魔法

作　　者—禮林（Lilin）
視覺設計—徐思文
主　　編—林憶純
行銷企劃—蔡雨庭

第五編輯部總監—梁芳春
董 事 長—趙政岷
出 版 者—時報文化出版企業股份有限公司
　　　　　108019 台北市和平西路三段 240 號
　　　　　發行專線—（02）2306-6842
　　　　　讀者服務專線— 0800-231-705、（02）2304-7103
　　　　　讀者服務傳眞—（02）2304-6858
　　　　　郵撥— 19344724 時報文化出版公司
　　　　　信箱— 10899 臺北華江橋郵局第 99 信箱
時報悅讀網— www.readingtimes.com.tw
電子郵箱— yoho@readingtimes.com.tw
法律顧問—理律法律事務所 陳長文律師、李念祖律師
印　　刷—勁達印刷有限公司
初版一刷— 2023 年 8 月 18 日
定　　價—新台幣 300 元

時報文化出版公司成立於 1975 年，並於 1999 年股票上櫃公開
發行，於 2008 年脫離中時集團非屬旺中，以「尊重智慧與創意
的文化事業」爲信念。

理財 EASY 學：時間複利＋選股策略的雙重魔法 / 禮林（Lilin）作 .
-- 初版 . -- 臺北市：時報文化出版企業股份有限公司 , 2023.08
　　186 面 ;14.8*21 公分 . --（識財經）
　　ISBN 978-626-353-919-8（平裝）
　　1.CST: 證券投資 2.CST: 理財
　　563.5　　　　　　112008024

ISBN 978-626-353-919-8
Printed in Taiwan